Die Erschließung des Lichts

Italienische Dichtung der Gegenwart

Herausgegeben von
Federico Italiano und
Michael Krüger

Carl Hanser Verlag

Dichtung und Sprache
Band 24
Deutsche Akademie
für Sprache und Dichtung

ISBN 978-3-446-24040-7
Alle Rechte dieser Ausgabe
© Carl Hanser Verlag München 2013
Satz: Satz für Satz. Barbara Reischmann, Leutkirch
Druck und Bindung: Friedrich Pustet, Regensburg
Printed in Germany

MIX
Papier aus verantwor-
tungsvollen Quellen
FSC
www.fsc.org   FSC® C014889

Inhalt

Anhang

Vorwort

Michael Krüger

Eines der kürzesten Gedichte der italienischen Poesie, ja der Poesie überhaupt, Giuseppe Ungarettis Zweizeiler »Mattina«, ist zum sprichwörtlichen Programm moderner Lyrik geworden: »M'illumino / d'immenso«. Man kann es eben nicht nur als emphatische Begrüßung eines neuen Tages lesen, sondern auch als lakonische Antwort auf die Frage, wie es nach dem Inferno des Ersten Weltkriegs mit der Dichtung weitergehen sollte. Auf jeden Fall mußte mit der »abgemühten, überladenen und dekorativen Sprache im italienischen Gedicht« (Ingeborg Bachmann) gebrochen werden, und auch die festen Formen, wie sie vor allem D'Annunzio mit hoher Perfektion beherrschte, sollten den Aufbruch nicht länger behindern dürfen. Mit Carducci, Pascoli und D'Annunzio und ihren rhetorischen Ekstasen wollte die junge Generation der Dichter ebenso wenig etwas zu tun haben wie mit den futuristischen Exaltationen.

Der »Morgen« hat seit Ingeborg Bachmanns Übersetzung von 1961 immer wieder neue Interpreten herausgefordert, den zwei Zeilen eine andere Lesart abzulauschen, so daß es, nach Petrarcas Sonetten und Dantes epischer Welt-Rede, zu einem der am meisten übersetzten Gedichte aus dem Italienischen gehört. »Ich erleuchte mich / aus Unermeßlichem« (Michael Marschall von Bieberstein), »Ich erleuchte mich / in Unermeßlichem« (Michael von Killisch-Horn) oder »Ich erhelle mich / aus Unendlichem« (Hanno Helbling), um nur einige der bekanntesten Vorschläge zu nennen – auf weitere Versionen dürfen wir warten. Wie überhaupt der 1888 in Alexandria (in der Nachbarschaft von Kavafis) geborene Ungaretti zu den wenigen italienischen Dichtern gehört, die es in Deutschland zu einer nennenswerten Leserschaft und sogar zu einer respektablen Gesamtausgabe gebracht haben.

Die Generation italienischer Dichter, die zwischen den Kriegen debütierten und für Jahrzehnte die poetische Bildsprache prägten, mußten alle bis Anfang der sechziger Jahre auf adäquate Übersetzungen ins Deutsche warten. Die während des Krieges von Wolfgang Schwarz herausgegebene Anthologie *Italienische Dichtung von Dante bis Mussolini* hatte offenbar für lange Zeit die Lust genommen, sich näher mit der »poesia ermetica« zu beschäftigen. Erst mit Ingeborg Bachmanns Ausgabe der Gedichte von Ungaretti und den ersten

Anthologien von Paul-Wolfgang Wührl begann eine intensive Übersetzertätigkeit, die 1971 in den bis heute lesbaren Band *Italienische Lyrik des 20. Jahrhunderts* mündete, den Christine Wolter im Aufbau-Verlag in Ost-Berlin herausgegeben hat. Darin finden sich Gedichte von Aldo Palazzeschi, Dino Campana, Umberto Saba, Giuseppe Ungaretti, Eugenio Montale, Salvatore Quasimodo, Mario Luzi, Vittorio Sereni, Cesare Pavese, Roberto Roversi, Elio Pagliarani, Franco Fortini, Giovanni Giudici und Pier Paolo Pasolini – übersetzt von Ingeborg Bachmann, Michael Marschall von Bieberstein, Paul Celan, Hans Magnus Enzensberger, Hans Hinterhäuser, Marie Luise Kaschnitz, Günter Kunert, Urs Oberlin, Paul-Wolfgang Wührl und einigen anderen.

Sieht man von den närrischen Spielereien des jungen Palazzeschi ab, der sich im Clownskostüm von dem faulen Zauber der Idylliker oder Pathetiker absetzen wollte, so ist es die Poesie der vier noch im 19. Jahrhundert geborenen Dichter Umberto Saba (1883–1957), Dino Campana (1885–1932), Giuseppe Ungaretti (1888–1970) und Eugenio Montale (1896–1981), die allen Strömungen der *non poesia*, der *anti poesia* wie der *nuova poesia* des 20. Jahrhunderts Glanz verliehen hat. Aus diesem modernen Quartett fällt vielleicht der unglückliche Dino Campana heraus, ein unruhiger Geist, der auf seinen ziellosen Reisen durch Europa und Lateinamerika seinen einzigen Gedichtband, die *Canti orfici*, fertigstellte, der in der ursprünglichen Version allerdings in der Druckerei verlorenging und erst sechzig Jahre nach dem Tod des Autors wiederauftauchte. Campana hat eine zweite Fassung aus dem Gedächtnis rekonstruiert und in seiner Heimatstadt Faenza mit einer Widmung für Kaiser Wilhelm II. und dem berühmt gewordenen Untertitel *Die Tragödie des letzten Germanen in Italien* drucken lassen. Die Wirkung dieses halluzinatorischen Einzelgängers vom Format eines Rimbaud konnte erst nach Jahrzehnten einsetzen, weil dieser von Nietzsche berauschte unbürgerliche Visionär schon bald nach der Veröffentlichung seines Buches in eine psychiatrische Anstalt eingewiesen wurde, die er bis zum Tod nicht mehr verlassen hat. Hanno Helbling hat zuletzt den Versuch unternommen, die dunklen Wege diese Sonderlings im Deutschen nachzuzeichnen.

Auch das Leben des Triestiners Umberto Saba war alles andere als eine Idylle à la Pascoli, und auch er – der nach seinem Tod als Dichter geradezu verehrt wurde – mußte seine Gedichte auf eigene Kosten drucken lassen und vertreiben (Auflage: 600 Exemplare). Als Sohn einer jüdischen Mutter und eines das Weite suchenden Vaters im damals noch habsburgischen Triest geboren, verbrachte er fast sein ganzes Leben als Buchhändler und Antiquar in seiner vielsprachigen Heimatstadt, die Jahre nach 1938 ausgenommen, in denen er sich aus Angst vor den durch den Einfluß der Nazis immer bösartiger und antisemitischer auftretenden Faschisten versteckt hielt. Saba ist von Leopardis Geist – dem Unglück, geboren zu sein – durchtränkt, dennoch ist er in großen Teilen seines *Canzoniere* nicht dessen zehrender Melancholie verfallen. Er hält sich – darin erinnert er mich oft an Jan Skáčel aus Brünn – geradezu kindlich an die ihn umgebenden Dinge:»Auf dem Tisch«,»Obst Gemüse«,»Welkes Blatt«, so nennt er seine Gedichte, die, im *Canzoniere* zusammengefaßt, eine reine, unendlich bewegende Lebenschronik ergeben.

Nur acht Jahre jünger als Saba ist der friaulische Dichter Biagio Marin aus Grado, der, nach ersten Versen in deutscher Sprache, sein Werk im Gradeser Dialekt schrieb. Er ist – anders als seine Landsleute Scipio Slataper und Italo Svevo – erst sehr spät ins Deutsche übersetzt worden, weil nicht nur in Deutschland, sondern auch in Italien die im Dialekt geschriebene Dichtung immer etwas Provinziell-Anrüchiges hatte. Erst durch den werbenden Zuspruch von Pier Paolo Pasolini, der sich vehement für die dialektalen Dichter Italiens eingesetzt hat, änderte sich diese herablassende Ausgrenzung.

Und schließlich der einzigartige Eugenio Montale, geboren in Genua, in Ligurien, der wie kein anderer das Tyrrhenische Meer, die Steilküste, die Winde – Schirokko, Tramontana, Mistral –, die Ölbäume und die Strandkiefer, den Wiedehopf, die Bleßhühner und den Auerhahn in seine Gedichte bittet, der alles, was die Welt ausmacht, scheinbar mühelos in seinem Rhythmus unterbringt, ein melancholischer Gott der Poesie, der mit Verwunderung und Staunen seine nie ganz fertige, nie vollkommene Schöpfung betrachtet. Wie Ungaretti ist Montale vom Ersten Weltkrieg geprägt, wie Ungaretti hat er zeitlebens eine prinzipielle Abneigung gegen totalitäre Ideologien gezeigt, wie Ungaretti war er ein dezidierter Einzelgänger. Selbst das Etikett »Hermetiker«, das diesen Dichtern und später noch dem Florentiner Mario Luzi angehängt wurde, war ihm zuviel. Als er 1975 den Nobelpreis erhielt, ging das übliche ignorante Kopfschütteln durch die internationale Kritik, das immer zu beobachten ist, wenn etwas so Seltsames wie ein Dichter ausgezeichnet wird – heute kennt man, nicht zuletzt wegen der übersetzerischen Arbeit von Michael Marschall von Bieberstein und Hanno Helbling, seinen Namen und vielleicht auch den Titel seines berühmten Gedichtbandes: *Ossi di seppia*, »Tintenfischknochen«. Sein Einfluß auf die Poesie der Welt ist gar nicht hoch genug einzuschätzen.

Wenn man von den Dichtern spricht, die der Nachkriegsmoderne in Italien den Boden bereitet haben, muß – neben Salvatore Quasimodo und

Giorgio Caproni – noch einer erwähnt werden: Cesare Pavese. Er kann weder der *poesia ermetica* zugeschlagen werden noch der *poesia impegnata*, weil seine Dichtung sich ganz entschieden auf amerikanische Vorbilder beruft, namentlich auf Walt Whitman. Im Gegensatz zu Ungaretti und Montale und Saba, die das dichterische Bild in konzentrierter Form einsetzten und insgesamt eher zur meditativen Verknappung neigten, begann der 1908 geborene Cesare Pavese ab 1930 mit weit ausschwingenden, narrativen Formen, die er sechs Jahre später in seinem berühmt gewordenen ersten Gedichtband *Lavorare stanca* (»Arbeit ermüdet«) veröffentlichte. Die literaturgeschichtliche Bedeutung dieser Erzählgedichte konnte erst nach den faschistischen Jahren, die Pavese zum Teil in der Verbannung überlebt hat, ihre vorbildhafte Wirkung entfalten, sie hält dafür bis heute an. Seine einsamen Wanderungen in den Hügeln um Turin, die der aufmerksame Dichter in langen Zeilen gleichsam mitschreibend festhält, haben bis heute nichts von ihrer Frische und Unmittelbarkeit verloren. Ihr poetischer Realismus ist von der Zeit weder banalisiert noch zerstört worden. Es berührt seltsam, daß zwei Gedichte Paveses aus seinen letzten Tagen – er schied 1950 freiwillig aus dem Leben – mehr für seinen Nachruhm getan haben als die großen Texte aus *Lavorare stanca*: »Der Tod wird kommen, und er wird deine Augen haben« und »Klar und verlassen / gehen die Morgen hin«.

*

Es war der Wunsch der Akademie für Sprache und Dichtung, die moderne italienische Poesie *nach* den großen Meistern der Moderne einmal mit ihren wichtigsten Dichtern vorzustellen; auf diese Weise sollte auch an zwei Mitglieder erinnert werden, die als Essayisten, Übersetzer und leidenschaftliche Liebhaber sowohl der italienischen wie der deutschen Dichtung unendlich viel für das gegenseitige Verständnis getan haben: Lea Ritter-Santini und Hanno Helbling. Bei der Durchsicht der mehr als hundert Gedichtbände und Anthologien mußte ich oft an Lea Ritter-Santini denken, die mit leichter Hand und großer Gelehrsamkeit die vielen versteckten Leopardi-Anspielungen gesehen und für uns gedeutet hätte; und an Hanno Helbling, der auf viele eigene Werke verzichtet hat zugunsten der Übersetzungen von Montale, Ungaretti, Luzi, Caproni und vielen anderen.

Die Hauptlast der Arbeit lag bei meinem Mitherausgeber Federico Italiano, einem jungen italienischen Dichter und Wissenschaftler, der über Celan und Montale promoviert hat und heute an der Akademie der Wissenschaften in Wien arbeitet. Ob und wie lange die zuletzt von ihm verantwortete Auswahl hält, wird die Zukunft zeigen. Federico hätte gerne die doppelte Anzahl von Gedichten gedruckt, um all die poetischen Echos und feinen literarischen Anklänge zu zeigen, die ich als nördlicher Barbar niemals auch nur erahnt hätte; ich hätte gerne noch ein paar Außenseiter wie den wunderbaren Solitär Alberto Vigevani aufgenommen, der aber in der Tat weder einer Schule angehörte noch gar eine gegründet hat. Mit einem Wort: Federico lag am Herzen, *seine* Dichter stärker in den Vordergrund zu rücken, ich wollte nur ungern auf *meine* verzichten (von Sandro Penna bis Anna Maria Carpi): Herausgekommen ist ein von beiden Seiten getragener Kompromiß, der hoffentlich auch Federicos Generation zufriedenstellt.

Ich selber habe die Gedichte für das Portal ausgesucht: Gedichte, die *meine* Generation begeistert haben. Hans Magnus Enzensberger hat uns 1960 die Tore zum *Museum der modernen Poesie* aufgestoßen (in dem er viele Texte aus dem Italienischen selber übersetzt hat), dann haben wir auf eigene Faust die italienische Poesie erkundet – jetzt geht es, in einem neuorganisierten Europa, mit unserer Anthologie weiter.

Wer sich nach der Lektüre dieses Buches noch ausführlicher mit der italienischen Lyrik der Moderne beschäftigen will, der lese – neben den gottlob immer noch erscheinenden Gedichtbänden! – die informativen Studien von Hans Hinterhäuser: *Italienische Lyrik im 20. Jahrhundert*, München Zürich 1990, und Manfred Lentzen: *Italienische Lyrik des 20. Jahrhunderts*, Frankfurt 1994.

München, im Februar 2013

Portal

Giuseppe Ungaretti

Morgen

> Santa Maria La Longa,
> 26. Januar 1917

Ich erleuchte mich
durch Unermeßliches.

(Ingeborg Bachmann)

Der verschüttete Hafen

> Mariano, 19. Januar 1916

Dahin gelangt der Dichter
und kehrt ans Licht zurück mit seinen Liedern
und streut sie aus.

Von solchem Dichten
bleibt mir jenes
Nichts,
Geheimnis unergründlich.

(Hanno Helbling)

In Memoria

Locvizza, 30. September 1916

Er hieß
Mohammed Scheab.

Stammt ab
von Nomaden-Emiren.
nahm sich das Leben,
weil
er keine Heimat mehr hatte.

Frankreich liebt er,
änderte seinen Namen,

war nur Marcel,
aber Franzose wurde er nicht
und wußte nicht mehr
zu leben
im Zelt bei den Seinen,
zu hören den Singsang,
Kaffee schlürfend,
des Korans.

Und verstand es nicht,
auszuziehen zu lassen
das Lied
seines Fremdseins.

Ich gab ihm das Geleit
zusammen mit der Wirtin des Hotels,
unserer Unterkunft
in Paris,
hinab von Nummer 5 der Rue des Carmes,
einer verblühten Gasse.

Er ruht
auf dem Gottesacker von Ivry,
ein Vorort –
beständiges Bild
eines Tages
an dem
ein Jahrmarkt sich auflöst.

Und vielleicht
weiß ich allein noch
daß er lebte.

(Hanno Helbling)

Gebet

Wenn ich einst erwachen werde
Aus dem Blendwerk der Vermischung
Unter einem reingebannten Himmel –

Wenn mir meine Schwere leicht sein wird –

Dann gewähre mir den Schiffbruch, Herr,
bei des jungen Tagens erstem Schrei.

(Hanno Helbling)

Umberto Saba

Altstadt

Oft wähl ich für den Nachhauseweg
eine düstere Altstadtgasse.
Ein paar Laternen spiegeln sich gelb
in einigen Pfützen, und auf dem Weg ist Gedräng.

Hier, unter den Leuten, im Kommen und Gehen,
das vom Wirtshaus heim oder ins Freudenhaus führt,
wo Waren und Menschen Abfall sind,
den ein großer Hafen ans Land wirft,
finde ich im Vorübergehen das Unendliche
im Geringen.
Hier sind Dirne und Seemann, der fluchende
Alte, das geifernde Weib,
der Dragoner, der in der Fischbraterei
hockt,
das geschwätzige Mädchen, von Liebe
besessen,
alle Geschöpfe des Lebens
und des Leids;
es wirkt, wie in mir, auch in ihnen der Herr.

Unter den Niedrigen fühle ich
wie mein Denken sich
klärt, hier in der schmutzigen Gasse.

(Paul-Wolfgang Wührl)

Die Ziege

Ich sprach mit einer Ziege.
Festgepflockt stand sie allein auf der Wiese.
Hatte das Gras satt, triefte
vom Regen und meckerte.

Eintönig meckerte sie; brüderlich schiens
meinem Leid. So gab ich Antwort, anfangs
im Scherz, dann sah ich ein, daß das Leid nie endet
und immer dieselbe Sprache spricht.
Seine Stimme, sie klagte hier
aus einer verlassenen Ziege.

In einer Ziege mit semitischen Zügen
vernahm ich die Klage des Leides in der Welt,
die Klage des Lebens.

(Paul-Wolfgang Wührl)

Ich liebte

Ich liebte verbrauchte Worte, was nicht einer
wagte. Mich berauschte der Reim »Triebe«
»Liebe«,
der älteste, schwerste der Welt.

Ich liebte die Wahrheit, die in der Tiefe ruht,
gleich einem vergessenen Traum; das Leid erkennt
sie als Freundin wieder. Furchtsam naht ihr
das Herz, damit sie es nie mehr verläßt.

Ich liebe dich, der du mir zuhörst, und mein schönes
Blatt, das zurückbleibt, wenn mein Spiel endet.

(Paul-Wolfgang Wührl)

Dino Campana

Reise nach Montevideo

Ich sah vom Deck des Schiffes aus
die Hügel Spaniens
im Gold der Dämmerung verschwinden,
wo dunkle Erde eine Melodie
im Grün verbarg:
fremdes Erscheinen, Mädchen einsam
als blaue Melodie, ein Zittern
am Rand der Hügel noch, eine Viola …
Es sank der Himmelsabend auf das Meer:
doch still und golden zog Zeit zu Zeit
langsamer Flügelschlag in blaues Dunkeln: …
Im fernen Spiel der Farben zogen
aus noch entfernteren Stillen
die Vögel golden durch den Himmelsabend: zog
erblindet schon das Schiff ans Dunkel pochend
mit unserem Herzen voller Untergang die Flügel
ans Himmelsdunkel pochend auf dem Meer.
Doch eines Tages
bestiegen ernst und schwer die Frauen Spaniens
das Schiff mit ihrem düsteren Engelsblick
und schwindelträchtigen Brüsten. Bis wir
in einer tiefen Bucht eine Äquatorinsel
in einer Bucht tiefer und stiller als der nächtliche Himmel
aufsteigen sahen im verwunschenen Licht
weiß, schlafend eine Stadt
am Fuß der steilen Höhn erloschener Vulkane
im schwülen Hauch des Südens: bis wir
nach vielen Schreien, vielen Schatten fremden Lands,
nach vielem Kettenrasseln, vielem Feuereifer
von der Äquatorenstadt ausfuhren
ins ruhelose nächtliche Meer.
Wir fuhren, fuhren, Tag um Tag: die Schiffe kamen

schwer unter schlaffen Segeln, heißen Lüften langsam uns entgegen:
so nah erschien an unserem Deck ein Mädchen
der neuen Rasse, bronzefarben
mit hellen Augen und das Kleid im Wind! und da: wild tauchte
    eines Abends
wild dort die Küste auf über der grenzenlosen See:
und wie gejagte Stuten sah ich
die Dünen sich zerstreuen nach
dem Grasland ohne Grenzen,
der brachen Erde ohne Menschenhäuser,
und da wir drehten und die Dünen flohen, tauchte
an einem Meer gelb von Überschwall des Flusses
die Seehauptstadt des neuen Erdteils auf.
Klar, frisch, elektrisch war das Licht
des Abends und verlassen schienen
am Meere des Korsaren dort die hohen Häuser
der Stadt, verlassen zwischen
dem gelben Meere und den Dünen ....
....

(Hanno Helbling)

Eugenio Montale

Frage uns nicht nach dem Wort, das unser Gemüt,
dies formlose mißt und mit Flammenzeichen
ausruft, und leuchten läßt einem Krokus gleich,
der mitten auf einer staubigen Wiese blüht.

Wohl dem Menschen, der in Sicherheit geht,
den anderen zugetan und sich selber gut,
und dessen Schatten nur als Spur der Sommerglut
auf einer zerfallenden Mauer steht!

Bitte nicht um den Spruch, der die Welten zeigt;
um eine Silbe aber, so krumm und dürr wie ein Zweig.
Wir können dich heute dies Einzige lehren:
was wir *nicht* sind, was wir *nicht* begehren.

(Hanno Helbling)

Von dir, mein Leben, will ich keine Festen
Züge, überzeugende Gesichter, Güter.
In deinem ruhelosen Kreislauf schmeckt der
Honig nicht mehr anders als der Wermut.

Das Herz, das für ein Nichts jegliche Regung
achtet, wird nur noch selten erschreckt.
So hallt bisweilen durch die stille
Landschaft ein Gewehrschuß.

(Hanno Helbling)

Die Toten

Das Meer, das sich am Ufer drüben bricht,
Schaumwolken wirft es auf, die sich versprühen,
bis sie im Weiten aufgehn. Dorthin,
ans eisenfarbne Ufer, das noch schwerer
als selbst die See seufzt, warfen wir
einst unsre Hoffnung! – und der Abgrund grünt
wie in den Tagen, die uns leben sahen.

Da nun der Nordwind den verwirrten Knoten
der salzigen Driften glättet und sie heimführt
zu ihrem Ursprung, hängt dort einer Netze
an die gestutzten Äste, spannt sie aus
hinunter die Allee
und außer Sicht;
gebleichte Netze, die das träge, kalte
Streicheln des Lichtes trocknet; und darüber
blendend der lautere Kristall des Himmels,
der niederstürzt in einem Striemenbogen
am Horizont.
             Mehr als die Alge je
der Sog, uns sichtbar, mitreißt, regt ein solches
Ausruhen unser Leben: es rührt auf,
was einst in uns, zu seinen Grenzen findend,
anhielt; zwischen den Schnüren, die
von einem Zweig zum andern gehen, tobt
das Herz wie eine Ralle,
die in den Maschen sich verfängt:
reglos und rastlos hemmt uns
eisige Starre.
             So auch
ist unter ihren Schollen wohl den Toten
die Ruhe ganz versagt: reißt eine Kraft
sie fort, grausamer als das Leben, lenkt
als Larven sie, von menschlichem Erinnern
gepeinigt, bis an diesen Strand, bloß Luft,
stofflos und ohne Stimme,

Opfer der Finsternis; sie streifen uns
zur Stunde mit versehrtem Flügelschlag,
noch kaum von uns getrennt, und in dem Sieb
der See versinken sie …

(Hanno Helbling)

Liuba zur Abreise

Nicht das Heimchen,
die Katze am Herd
redet dir zu, ein erhabener Hausgeist
der Deinen, Zerstreuten.
Das Heim, das du fortträgst
in deinem Gepäck – ein Käfig? eine Hutschachtel? –
meistert die blinde Zeit wie die Flut,
eine leichte Lade – und Lösung genug.

(Hanno Helbling)

Der Hitlerfrühling

> Noch sie, die ihr Gesicht zur Sonne wendet …
>   *Dante*

Die weiße Wolke tollgewordner Falter wirbelt
dicht um die bleichen Lichter, an den Mauern
und legt ein Laken aus, darauf der Fuß
wie über Zucker knirscht; der Sommeranfang haucht
den Nachtfrost aus, den er zurückhielt in
geheimen Schlupfwinkeln der toten Jahreszeit,
herab die Gärten von Maiano bis zum Arno.

Im Fluge zog ein Höllenbote hier die Straße
durch ein Hurra von Söldnern, und ein Feuergraben,
beflaggt mit Hakenkreuzen, nahm ihn auf, verschlang ihn;
Schaufenster gingen zu, armselig zwar

und harmlos, doch bewaffnet auch
mit kriegerischem Spielzeug und Kanonen;
der Fleischer hat geschlossen, der mit Beeren
die Mäuler toter Zicklein zierte;
die Feier milder Henker, die kein Blut noch kennen,
hat sich in einen geilen Springtanz kranker Flügel
und wassernaher Larven umgewandelt;
das Land wird unterspült, und keiner mehr ist schuldlos.

Alles für nichts denn? – und die römischen Kerzen
von San Giovanni, die langsam den Horizont
aufhellten, und die Pfänder und das Abschiednehmen,
so fest wie eine Taufe in dem trüben Harren
auf jenen Harst (doch eine Knospe zog dahin,
und auf das Eis und auf die Säume deiner Ufer
verstreute sie die sieben Engel des Tobias,
die Saat der Zukunft) und die Sonnenblumen
aus deinen Händen – alles dürr und aufgesaugt
von Blütenstaub, der wie das Feuer knistert
und sticht wie eine Bise ...
         Oh, der wunde Frühling
ist immer noch ein Fest, wenn er zu Tode
den Tod erkalten läßt! Noch einmal blicke
empor, dein Los ist's, Klythia, die
verwandelt unverwandte Liebe wahrt,
bis daß die blinde Sonne, die du in dir trägst,
erblindet in dem Andern, sich vernichtet
in Ihm, für alle. Die Sirenen, Glockenschläge,
wenn sie die Ungeheuer grüßen an dem Abend
vor ihrem Hexensabbat, schmelzen vielleicht schon
in eins mit jenem Klang, der sich vom Himmel löst,
sinkt, siegt – und mit dem Atem eines Frühlichts,
das morgen alle neu trifft, weiß, doch nicht von Grauen
beflügelt, auf dem heißen Kies des Südens ...

(Hanno Helbling)

Biagio Marin

Landschaft der Schönheit
der wir gehören
aus deiner sanften Magie
wird uns Epiphanie.

Deine Begrenzungen fliehen
Weiten nicht zu ersehen
Berge und Kuppen drehen
und die Gipfel dunkelmarin.

In den Männern ein Mut
zu Maß und Mühen
die Frauen in Anmut
im Herz ein blaues Blühen.

Friaul des Glücks
aus Wassern und Stein
Verzückt
Unterm Hellwetterschein.

Warum nur, Bruder,
bist du nicht geblieben?
das Geschlecht, krud und blutend,
hat dich todwärts getrieben.

(Riccardo Caldura, Maria Fehringer, Peter Waterhouse)

Besser die Stille,
Gras einer Wiese,
wermutgrau,
versunkenes Schiff.

Flieg nicht fort,
gleich wirst du getroffen.
Singe nicht weiter,
nicht mal im Sommer.

Sei grauer Stein,
von keinem beachtet,
grauer Staub
auf der Straße.

Dichter Dunst,
der vergeht,
Leere eines Abgrunds
nach der Gischt.

Trau nicht
deinen Stunden:
lass sie verstreichen
und dreh dich nicht um.

(Piero Salabè)

Die Liebe verdeckt jede Sünde,
kennt keine Schuld;
lass die Leute reden,
blüh du auf der Wiese.

Und genieße das neue Gras,
den weichen Teppich,
feucht auch ohne Regen
von Tränen unruhiger Liebe.

Und genieße ihren Mund
reuelos:
die Winde verwehen die Küsse,
die Leute sind dumm.

(Piero Salabè)

Den großen gesichtslosen Gott
haben wir erschaffen,
die Hölle und das Paradies,
das blütenverzierteste Lied.
So haben wir uns getröstet
über ein Leben ohne Ziel,
so wie der Dichter
mit seinem klingenden Lied.

(Piero Salabè)

Salvatore Quasimodo

Und schon ist es Abend

Ein jeder steht allein auf dem Herzen der Erde
getroffen von einem Sonnenstrahl:
und schon ist es Abend.

(Giovanni Selvani)

Cesare Pavese

Die Meere des Südens

(für Monti)

Eines Abends gehen wir in Stille
hügelan. Im Schatten des späten Tags.
Mein Vetter ist ein Riese in Weiß gekleidet,
ruhig schreitend, braungebrannt das Gesicht,
schweigsam. Schweigen ist unsere Tugend.
Einer unserer Ahnen muß sehr einsam gewesen sein
– ein großer Mann unter Idioten oder ein armer Narr –,
um die Seinen so viel Schweigen zu lehren.

Heut abend hat mein Vetter gesprochen. Er fragte mich,
ob ich mit ihm hinaufwolle: Vom Gipfel aus sieht man
in den klaren Nächten den Schimmer des fernen
Leuchtturms von Turin. »Du, der in Turin wohnt ...«,
sagte er, »... doch du hast recht. Fern von daheim
soll das Leben gelebt sein: Man genießt und läßt sich's gutgehn
und dann, wenn man zurückkehrt mit vierzig Jahren wie ich,
erscheint alles neu. Die Berge bleiben erhalten.«
All dies sagte er, doch nicht italienisch,
sondern in langsamer Mundart, die, wie die Steine
dieses Hügels, so rauh ist, daß zwanzig Jahre
fremder Sprachen und Ozeane sie nicht zu brechen
vermochten. Im Steilhang
geht er mit jenem gesammelten Blick,
den ich als Kind schon an müden Bauern kannte.

Zwanzig Jahre trieb er sich durch die Welt.
Als ich noch Kind war, von Frauen getragen, brach er auf,
und man sagte ihn tot. Später hörte ich Frauen
von ihm sprechen, wie im Märchen, manchmal;
aber die Männer, ernster, vergaßen ihn.
Eines Winters kam eine Karte für meinen Vater – er war schon tot –,

die eine große graugrüne Marke trug mit Schiffen in einem Hafen
und gute Wünsche zur Weinlese. Das gab ein Staunen,
aber das Kind, schon etwas älter, erklärte eifrig,
die Karte komme von einer Insel, die Tasmanien heiße,
rings vom blausten, haifischdrohenden Meer umgeben,
im Stillen Ozean, südlich Australiens. Und es fügte hinzu,
daß der Vetter sicherlich Perlen fische. Und es löste die Marke ab.
Alle äußerten ihre Meinung, doch alle schlossen damit:
Sei er noch nicht tot, so würd' er doch sterben.
Dann vergaßen sie's alle, und es verging viel Zeit.

Oh, wie lang ist's her, daß ich Seeräuber von Malta spielte!
Wieviel Zeit ging hin und wieviel Leben, seit dem letzten Mal,
da ich hinab ins Bad stieg zu jener tödlichen Stelle
und einen Spielgefährten verfolgte einen Baum hinauf,
dem ich die schönen Äste brach, und einem Rivalen
den Kopf zerdrosch und selber verprügelt wurde!
Andre Tage, andre Spiele,
stärkere Wallung des Bluts, weniger faßbare Gegner:
Träume, Gedanken.
Unendliche Ängste lehrte die Stadt mich:
Eine Volksmenge, eine Straße machten mich zittern,
manchmal auch ein Gedanke, vom Gesicht abgelesen.
In den Augen fühl' ich das höhnische Licht noch
jener tausend Laternen überm großen Getrappel.

Als der Krieg aus war, kam mein Vetter zurück,
unter den wenigen riesig. Und Geld hatte er.
Die Verwandten flüsterten: »In einem Jahre höchstens,
wenn er alles verzehrt hat, geht er wieder auf Walz.
So sterben die Unverbesserlichen.«
Mein Vetter hat ein entschlossenes Gesicht. Er kaufte
ein paar Räume zu ebener Erde, wo er eine Garage
aus Beton errichten ließ, davor eine gleißende Tanksäule
und auf der Brücke nahe der Straßenkurve
eine gewaltige Reklametafel.
Bald stellte er einen Mechaniker an, das Geld einzuziehen,
selbst aber streifte er durch die Berge und rauchte. Inzwischen hatte

er geheiratet, im Dorf. Er nahm sich ein zartes
blondes Mädchen, ähnlich den fremden,
die er wohl früher draußen kennengelernt.
Aber noch ging er allein aus. Weißgekleidet,
braun das Gesicht, die Hände verschränkt auf dem Rücken,
strich er des Morgens den Markt ab
und verhandelte mürrisch die Pferde. Später erklärte er mir,
als das Vorhaben mißlang, sein Plan sei gewesen,
alle Tiere dem Tal zu entziehen und die Leute zu zwingen,
seine Motoren zu kaufen. »Aber das dümmste Vieh«, sagte er,
»war ich selbst, das zu glauben. Hätt ich doch wissen sollen,
daß Ochs und Mensch hier dasselbe sind.«

Eine halbe Stunde und länger wandern wir. Der Gipfel ist nah,
ringsum wächst das Schwirren und Pfeifen des Windes.
Der Vetter hält plötzlich inne und wendet sich um: »Dieses Jahr
schreib' ich aufs Aushängeschild:
                          – Sankt Stephan
war bei den Festen im Belbotal immer der erste – sie sollen's
nur weitererzählen, die von Canelli.« Darauf geht er weiter.
Duft von Erde und Wind umfängt uns im Dunkel,
einige Lichter in der Ferne: Gehöfte, Automobile,
kaum zu hören; und ich denke an die Kraft, die mir
diesen Mann zurückgab, ihn dem Meere entriß,
den fernen Ländern und dem dauernden Schweigen.
Von seinen Reisen spricht der Vetter nicht.
Trocken sagt er, daß er das gewesen und dort,
und denkt dabei an seine Motoren.
                          Ein Traum nur
blieb ihm im Blute: Einmal als Heizer
auf einem holländischen Schiff, begegnete er
dem Wal, und er sah schwere Sonnenharpunen im Flug,
sah Wale fliehn zwischen blutigen Schäumen,
sah Verfolgung, gebäumte Schwänze und Lanzenkampf.
Manchmal spricht er davon.
                          Doch wenn ich ihm sage,
daß er einer der Glücklichen ist, die das Morgenrot

über den schönsten Inseln der Erde sahen,
lächelt er bei der Erinnerung und antwortet, daß der Tag
schon alt war für sie, als die Sonne aufging.

(Urs Oberlin)

Landschaft I

(für Pollo)

Nicht mehr bestellt ist hier oben der Hügel. Farnkraut
gibt's, nackten Fels und Unfruchtbarkeit.
Arbeit ist hier für die Katz. Versengt ist die Kuppe,
das einzig Erfrischende ist der Atem. Die eigentlich Qual
ist, hier heraufzusteigen: Der Einsiedler schaffte es einmal
und ist seit damals oben geblieben, um wieder zu Kräften zu kommen.
Aus Ziegenleder ist das Wams des Einsiedlers,
und ein süßlicher Geruch von Tabak und Tieren umgibt ihn,
der auch an der Erde haftet, an den Sträuchern, dem Unterschlupf.
Raucht er abseits in der Sonne seine Pfeife,
passiert es, daß ich ihn aus den Augen verliere: weil er
die Farbe annimmt von verbranntem Farn. Kommen Wanderer herauf
und ruhen sich aus auf einem der Felsen, verschwitzt und atemlos,
sehen sie ihn liegen, die Augen zum Himmel gerichtet
und schwer atmend. Eine Sache ist ihm gelungen:
In seinem dunklen Gesicht hat er den Bart wuchern lassen,
ein paar rötliche Büschel. Er sammelt seinen Kot
an einer ungeschützten Stelle, daß ihn die Sonne dörre.

Grün sind die Hänge dieses Hügels, tief die Schluchten.
Auf den Pfaden zwischen den Reben kommen Gruppen ausgelassener
Mädchen herauf, die Kleider in grellen Farben,
die mit der Ziege Schabernack treiben und ins Tal hinab rufen.
Manchmal sieht man eine Reihe von Körben mit Früchten,
die aber nicht nur gipfelwärts steigen: Die Bauern tragen sie heim,
auf gebücktem Rücken, bald wieder im Blattwerk verschwindend.

Zuviel ist zu tun, da bleibt den Bauern keine Zeit, den Einsiedler
zu besuchen, nur bergauf und bergab und kräftig den Boden hacken.
Wenn sie Durst haben, kippen sie Wein: setzen die Flasche
an den Mund, heben die Augen auf zum verbrannten Gipfel.
In der Frühe sind sie schon auf dem Heimweg, zermürbt
von der Arbeit seit Sonnenaufgang, und kommt ein Bettler vorbei,
gehört das Wasser der Brunnen, das für die Erde gedacht war,
ihm ganz allein. Schief grinsen sie zu den Frauen hinüber
und wollen wissen, wann die sich, in Ziegenfelle gehüllt,
auf die Hügel legen werden, daß die Sonne sie röste.

(Dagmar Leupold und Michael Krüger)

DER TOD WIRD kommen, und er wird deine Augen haben –
dieser Tod, der uns tagaus, tagein
begleitet, schlaflos,
hohl wie längst verjährte Reue
oder törichtes Laster. Deine Augen
werden ein leeres Wort sein,
ein stummer Schrei, ein Schweigen.
So siehst du sie jeden Morgen,
wenn du dich über sie neigst, allein,
im Spiegel. O liebe Hoffnung,
an jenem Tag werden auch wir wissen,
daß du das Leben bist und das Nichts.

Für alle hat der Tod einen Blick.
Der Tod wird kommen, und er wird deine Augen haben.
Es wird sein wie das Aufgeben eines Lasters,
als erschiene im Spiegel
ein totes Gesicht,
als lausche man geschlossenen Lippen.
Stumm werden wir in den Abgrund steigen.

(Dagmar Leupold und Michael Krüger)

*Italienische Dichtung
ab der zweiten Hälfte
des 20. Jahrhunderts*

Attilio Bertolucci

Ritratto di uomo malato

Questo che vedete qui dipinto in sanguigna e nero
e che occupa intero il quadro spazioso
sono io all'età di quarantanove anni, ravvolto
in un'ampia vestaglia che mozza a metà le mani

come fossero fiori, non lascia vedere se il corpo
sia coricato o seduto: così è degli infermi
posti davanti a finestre che incorniciano il giorno,
un altro giorno concesso agli occhi stancantisi presto.

Ma se chiedo al pittore, mio figlio quattordicenne
chi ha voluto ritrarre, egli subito dice
«uno di quei poeti cinesi che mi hai fatto
leggere, mentre guarda fuori, una delle sue ultime ore.»

È sincero, ora ricordo d'avergli donato quel libro
che rallegra il cuore di riviere celesti
e brune foglie autunnali; in esso saggi, o finti saggi, poeti
graziosamente lasciano la vita alzando il bicchiere.

Sono io appartenente a un secolo che crede
di non mentire, a ravvisarmi in quell'uomo malato
mentendo a me stesso: e ne scrivo
per esorcizzare un male in cui credo e non credo.

(Aus: Viaggio d'inverno, 1971)

Attilio Bertolucci

Porträt als kranker Mann

Der, den ihr hier seht, gemalt in Rot und Schwarz,
und der das breite Bild zur Gänze einnimmt,
bin ich mit neunundvierzig Jahren, gehüllt
in einen weiten Schlafrock, der die Hände halb abschneidet,

als wären sie Blumen, nicht sehen läßt, ob der Körper
daliegt oder sitzt: so ist er einer jener Leidenden,
hingestellt vor Fenster, die den Tag umrahmen,
noch ein Tag, den so rasch matten Augen zugestanden.

Doch frage ich den Maler, meinen vierzehnjährigen Sohn,
wen er porträtieren wollte, sagt er gleich:
»Einen jener chinesischen Dichter, die du mir zu lesen
gabst, wie er hinausschaut in einer seiner letzten Stunden.«

Es stimmt, jetzt fällt mir ein, ihm jenes Buch geschenkt zu haben,
das fröhlich stimmt das Herz mit himmlisch blauen Küsten
und herbstlich braunen Blättern, in dem Weise oder Pseudoweise – Dichter –
vom Leben voller Würde, das Glas erhebend, Abschied nehmen.

Ich, angehörend einer Zeit, die nicht zu lügen
glaubt, erkenne mich in jenem kranken Manne wieder,
der ich mich selbst belüge: und ich schreibe es nieder,
um ein Übel auszutreiben, an das ich glaube und nicht glaube.

(Hans Raimund)

Lasciami sanguinare

Lasciami sanguinare sulla strada
sulla polvere sull'antipolvere sull'erba,
il cuore palpitando nel suo ritmo feriale
maschere verdi sulle case i rami

di castagno, i freschi rami, due uccelli
il maschio e la femmina volati via,
la pupilla duole se tenta
di seguirne la fuga l'amore

per le solitudini aria acqua del Bràtica,
non soccorrermi quando nel muovere
il braccio riapro la ferita il liquido
liquoroso m'inorridisce la vista,

attendi paziente oltre la curva via
l'alzarsi del vento nel mezzogiorno, fingi
soltanto allora d'avermi udito chiamare,
entra nella mia visuale da un giorno

quieto di settembre, la tavola apparecchiata
i figli stanchi d'attendere, i figli
giovani col colore della gioventù
esaltato da una luce che quei rami inverdiscono.

(Aus: Viaggio d'inverno, 1971)

Laß mich bluten

Laß mich bluten auf der Straße,
auf dem Staub, auf dem Bankett, auf dem Gras,
das Herz im Schlage seines Takts wie sonst,
die Äste der Kastanienbäume grüne Masken

auf den Häusern, die frischen Äste, zwei Vögel,
das Männchen und das Weibchen, fortgeflogen,
die Pupille schmerzt bei dem Versuch
der Flucht zu folgen, die Liebe

zu der Einsamkeit – Luft Wasser – des Bratica,
komm mir nicht zu Hilfe, wenn ich bei des Arms
Bewegen aufreiße die Wunde, die klebrige
Flüssigkeit macht meine Augen schauern,

warte geduldig jenseits der Kehre
auf das Aufkommen des Winds im Süden, tu dann
nur so, als habest du mich rufen hören,
tritt in mein Blickfeld ein aus einem stillen

Septembertag, der Tisch gedeckt,
die Kinder müd des Wartens, die Kinder,
jung mit der Jugend Farbe,
die ein durch jene Äste grünes Licht verstärkt.

(Hans Raimund)

26 marzo

L'appartamento è al quinto piano e
gli usignoli e i merli dalle piante della clinica –
pini e cipressi neri come antracite e più giù
mandorli ormai sfiorenti dei loro piccoli fiori
bianchi e peri appena dalla notte laccati
di rosso e ancora più in basso quasi a statura
d'uomo arbusti diversi in verdi diversi chiari
o aggrondati come per un diverso sentire –
dalle piante della clinica gli usignoli e i merli
trivellano l'aria ricavandone trucioli
di metallo leggero o di legno venato:
è il loro canto e cantano sempre ma sostano anche
allora si sente il motore a scoppio
nella lontananza che rende più azzurra
l'atmosfera aperta in solchi tranquilli in
canali perdentisi ahimè dove io
non posso procedere obbligato al letto
del riposo pomeridiano cominciando la difficile
primavera del 1963 e la sua ostinata volontà
di ripetere la luce delle altre aggiungendovi
un dolore che le è proprio e di cui essa si gloria.

(Aus: Viaggio d'inverno, 1971)

26. März

Die Wohnung ist im fünften Stock und
die Nachtigallen und die Amseln von den Pflanzen in der Klinik –
Pinien und Zypressen, anthrazitschwarz, und weiter unten
Mandelbäume, jetzt verblüht und ohne ihre kleinen weißen
Blüten, und Birnenbäume, von der Nacht kaum rot
gelackt, und noch weiter unten fast in Menschengröße
verschiedene Büsche in verschiedenem Grün, hell
oder verfinstert, wie verursacht durch ein anderes Fühlen –
die Nachtigallen und die Amseln von den Pflanzen in der Klinik
bohren durch die Luft und entziehen daraus Späne
aus leichtem Metall oder gemasertem Holz:
es ist ihr Lied, und sie singen immer, doch sie halten inne auch,
und dann hört man einen Motor heftig stottern
in der Ferne, und das macht die Atmosphäre
blauer, öffnet sie zu stillen Furchen, zu
Kanälen, die sich verflüchtigen, bis wohin ich, ach!, nicht
gelangen kann, gefesselt an das Bett
der Mittagsruhe, während der schwierige
Frühling von 1963 anfängt, und sein starrsinniges Wollen,
das Licht der anderen nachzuahmen, ihm einen Schmerz
beifügend, der ihm eigen ist und dessen er sich rühmt.

(Hans Raimund)

Le farfalle

Perché le farfalle vanno sempre a due a due
e se una si perde entro il cespo violetto
delle settembrine l'altra non la lascia ma sta
sopra e vola confusa che pare si sbatta
contro i muri di un carcere mentre non è che questo
oro del giorno già in via d'offuscarsi
alle cinque del pomeriggio avvicinandosi ottobre?

– Forse credevi d'averla perduta ma eccola ancora
sospesa nell'aria riprendere l'irragionevole moto
verso le plaghe che l'ombra più presto fa sue
dei campi vendemmiati e arati della domenica:
tu non hai che a seguirla incontro alla notte
come l'attendesti nel lume inquieto del sole
finché fu sazia del succo di quei fiori d'autunno.

(Aus: Viaggio d'inverno, 1971)

Schmetterlinge

Warum sind Schmetterlinge immer zu zweit,
und wenn einer verschwindet in einem Büschel
von Septemberveilchen, läßt der andere ihn nicht allein,
sondern bleibt wirr flatternd darüber, als schlüge er
gegen die Wände eines Kerkers, der aber nur
das Gold des Tages ist, der sich gerade verfinstert
um fünf Uhr Nachmittag vor Anfang Oktober?

Vielleicht glaubtest du, ihn verloren zu haben, aber da ist er
wieder, schwebend in der Luft, die unsinnige Bewegung
wieder beginnend hin zu Orten, die das Dunkel sich rascher aneignet,
von den abgeernteten und gepflügten Sonntags-Feldern,
du mußt ihm nur folgen der Nacht entgegen,
wie du auf ihn wartetest im unruhigen Licht der Sonne,
bis er satt vom Nektar jener Herbstblumen war.

(Hans Raimund)

Giorgio Caproni

L'idrometra

Di noi, testimoni del mondo,
tutte andranno perdute
le nostre testimonianze.
Le vere come le false.
La realtà come l'arte.

Il mondo delle sembianze
e della storia, egualmente
porteremo con noi
in fondo all'acqua, incerta
e lucida, il cui velo nero
nessun idrometra più
pattinerà – nessuna
libellula sorvolerà
nel deserto, intero.

(Aus: Il muro della terra, 1975)

La caccia

Tempestavano spari
in tutta la foresta.

Vicino alla finestra
ghiacciata, spiavo
le ombre che nella galaverna
si scontravano.

    Andavo
dall'una all'altra.

Giorgio Caproni

Der Teichläufer

Von uns, die wir Zeugen der Welt sind,
gehen sie alle verloren,
unsere Zeugnisse alle.
Die wahren so gut wie die falschen.
Die Wirklichkeit so wie die Kunst.

Die Welt der sichtbaren Dinge
und der Geschichte, wir tragen
sie miteinander herum
am Grunde des Wassers, das hell und
ungewiß auf seinem dunklen Schleier
den Teichläufer nicht mehr trägt –
und die Libelle wird es nicht
mehr überfliegen in
der völligen Wüste.

(Hanno Helbling)

Die Jagd

Das Schießen tobte
rings durch den Forst.

Ich stand am vereisten
Fenster und spähte
den Schatten nach, die im Reif
aufeinandertrafen.

Ich zog
von einem zum andern.

Tentavo
di fissare la mia.

L'interno dell'osteria
mi stornava.

I fumi.
Gli schianti delle risate
delle donne.
I bicchieri
mandati in frantumi.

Mi girava la testa.

Mai avevo visto una festa
più cieca di quella.

Ero isolato.
Nella
scompagine che alle mie spalle
vorticava, cercavo
– il fucile imbracciato –
fra le altre ombre la mia.

Appariva. Spariva.

Il punto di stazione,
certo, non mi favoriva.

(La *mira*, ero io.

Il resto,
tutta una fantasia.)

(Aus: Il franco cacciatore, 1982)

Versuchte,
den eigenen auszumachen.

Das Treiben im Schankraum
lenkte mich ab.

Der Rauch.
Das krachende Lachen
der Weiber.
Die Gläser, die
in Scherben gingen.

Mir drehte sich der Kopf.

Nie hatte ich ein Fest
gesehen, blinder als dieses.

Allein geblieben.
Im Wirrwarr,
der im Genick mir
wirbelte, suchte ich weiter
– im Arm das Gewehr –
unter den anderen Schatten den meinen.

Er trat hervor; er verlor sich.

Gewiß war der Stand
ungünstig für mich.

(Das Ziel war ja ich.

Der Rest
alles nur ein Gebilde.)

(Hanno Helbling)

Il pesce drago

(Parole,
quasi in buona Fede,
di Medardo monaco.)

Nel baratro della preghiera...

Sprofòndati – fino allo stordimento –
nel baratro della preghiera...

Instupidisciti in Dio...

Nel suo nome...

     Nel *flatus*
del suo nome...

    Immergiti
– a capofitto – nel mare
pietrificante...

    Toccane
– fino al soffocamento –
il fondale...

   La sabbia
(o melma) dove aculeato
ti inietterà veleno
(ti farà sanguinare)
il pesce drago...

   Invoca
il non invocabile...

    Affonda...
Affonda fino all'inebetimento...

Der Drachenfisch

(Worte,
in annähernd gutem Glauben,
des Mönchs Medardus.)

In den Abgrund des Gebets...

Versenk dich – bis das Denken still steht –
in den Abgrund des Gebets...

Betäube dich im Herrn...

In seinem Namen...

          In dem Flatus
seines Namens...

      Tauche
– kopfvoran – in Meerestiefen,
die versteinern...

      Dringe
– bis der Atem still steht –
in die Gründe...

      Auf den Sand
(den Schlamm,) wo stachelhäutig
dir sein Gift einjagt
(dich bluten macht)
der Drachenfisch...

      So rufe an,
was nicht anrufbar ist...

      Sinke...
Sinke, bis der Sinn dir still steht...

. . . . . .

(Non hai alternativa, se vuoi
accecare anche il vento.)

(Aus: Il Conte di Kevenhüller, 1986)

. . . . . .

(Du kannst nicht anders – willst du, daß
auch der Wind erblinde.)

(Hanno Helbling)

Vittorio Sereni

I versi

Se ne scrivono ancora.
Si pensa a essi mentendo
ai trepidi occhi che ti fanno gli auguri
l'ultima sera dell'anno.
Se ne scrivono solo in negativo
dentro un nero di anni
come pagando un fastidioso debito
che era vecchio di anni.
No, non è più felice l'esercizio.
Ridono alcuni: tu scrivevi per l'Arte.
Nemmeno io volevo questo che volevo ben altro.
Si fanno versi per scrollare un peso
e passare al seguente. Ma c'è sempre
qualche peso di troppo, non c'è mai
alcun verso che basti
se domani tu stesso te ne scordi.

(Aus: Gli strumenti umani, 1965)

La spiaggia

Sono andati via tutti –
blaterava la voce dentro il ricevitore.
E poi, saputa: – Non torneranno più –.

Ma oggi
su questo tratto di spiaggia mai prima visitato
quelle toppe solari… Segnali
di loro che partiti non erano affatto?
E zitti quelli al tuo voltarti, come niente fosse.

Vittorio Sereni

Die Verse

Sie werden noch geschrieben.
Man denkt an sie, wenn man angstvolle
Augen belügt, die dir Glück wünschen
am letzten Abend des Jahrs.
Sie werden nein sagend geschrieben
in einer Finsternis von Jahren,
so wie man eine lästige Schuld begleicht,
die schon jahrealt ist.
Nein, das Unterfangen ist nicht länger ein glückliches.
Einige lachen: du hast um der Kunst willen geschrieben.
Nicht einmal ich wollte das, ich wollte etwas anderes.
Man macht Verse, um eine Last abzuschütteln
und zur nächsten überzugehen. Aber immer ist es
eine Last zu viel, nie gibt es
einen Vers, der genügt,
wenn du am nächsten Tag selber ihn vergißt.

(Hans Raimund)

Der Strand

Sie sind alle weggegangen –
quatschte die Stimme im Hörer drinnen.
Und dann, wissend: – Sie kommen nicht mehr wieder –.

Doch heute
auf diesem niemals vorher aufgesuchten Teil des Strandes
jene Flecken Sonnenlicht... Signale
von jenen, die nicht wirklich abgereist waren?
Und die still sind, wenn du dich umdrehst, als sei nichts geschehen.

I morti non è quel che di giorno
in giorno va sprecato, ma quelle
toppe d'inesistenza, calce o cenere
pronte a farsi movimento e luce.
                                    Non
dubitare, – m'investe della sua forza il mare –
parleranno.

(Aus: Gli strumenti umani, 1965)

Autostrada della Cisa

Tempo dieci anni, nemmeno
prima che rimuoia in me mio padre
(con malagrazia fu calato giù
e un banco di nebbia ci divise per sempre).

Oggi a un chilometro dal passo
una capelluta scarmigliata erinni
agita un cencio dal ciglio di un dirupo,
spegne un giorno già spento, e addio.

Sappi – disse ieri lasciandomi qualcuno –
sappilo che non finisce qui,
di momento in momento credici a quell'altra vita,
di costa in costa aspettala e verrà
come di là dal valico un ritorno d'estate.

Parla così la recidiva speranza, morde
in un'anguria la polpa dell'estate,
vede laggiù quegli alberi perpetuare
ognuno in sé la sua ninfa
e dietro la raggera degli echi e dei miraggi
nella piana assetata il palpito di un lago
fare di Mantova una Tenochtitlán.

Die Toten, die sind es nicht, was Tag
für Tag vergeudet wird, sondern jene
Flecken Nicht-Dasein, Kalk oder Asche,
bereit, sich zu Bewegung und Licht zu verwandeln.
                                                    Nicht
zweifeln, – mich überwältigt mit seiner Kraft das Meer –
sie werden reden.

(Hans Raimund)

Cisa-Autobahn

Zehn Jahre noch, nicht einmal,
bevor mein Vater ein zweites Mal in mir stirbt
(ohne Anstand war er hinabgesenkt worden,
und eine Nebelbank trennte uns auf immer).

Heute, einen Kilometer vom Paß entfernt,
schwenkt eine zerraufte, langhaarige Erinnye
einen Fetzen vom Rand eines Steilhangs,
streicht einen Tag, der schon gestrichen ist, und adieu.

Weißt du – sagte gestern jemand beim Abschied zu mir –
du kannst sicher sein, daß das hier nicht das Ende ist,
von Moment zu Moment sollst du an dieses andere Leben glauben,
es von Küste zu Küste erwarten, und es wird kommen
wie die Wiederkehr des Sommers auf der anderen Seite des Passes.

So spricht die rückfällig gewordene Hoffnung, beißt
ins sommerliche Fruchtfleisch einer Wassermelone,
sieht dort unten die Bäume ewig wachsen,
jeder in sich seine eigene Nymphe,
und dahinter das Strahlen von Echos und Luftspiegelungen,
das Pulsieren eines Sees in der ausgetrockneten Ebene
macht aus Mantua ein Tenochtitlán.

Di tunnel in tunnel di abbagliamento in cecità
tendo una mano. Mi ritorna vuota.
Allungo un braccio. Stringo una spalla d'aria.

Ancora non lo sai
– sibila nel frastuono delle volte
la sibilla, quella
che sempre più ha voglia di morire –
non lo sospetti ancora
che di tutti i colori il più forte
il più indelebile
è il colore del vuoto?

(Aus: Stella variabile, 1979)

Paura prima

Ogni angolo o vicolo ogni momento è buono
per il killer che muove alla mia volta
notte e giorno da anni.
Sparami sparami – gli dico
offrendomi alla mira
di fronte di fianco di spalle –
facciamola finita fammi fuori.
E nel dirlo mi avvedo
che a me solo sto parlando.
                                        Ma
non serve, non serve. Da solo
non ce la faccio a far giustizia di me.

(Aus: Stella variabile, 1979)

Von Tunnel zu Tunnel von Blendung zu Blindheit
halte ich die Hand hin. Sie kommt leer zu mir zurück.
Ich strecke einen Arm aus. Ich umklammere eine Schulter – Luft.

Weißt du noch immer nicht
– zischt im Getöse der Gewölbe
die Sybille, jene,
die immer mehr zu sterben verlangt –
ahnst du es noch immer nicht,
daß von allen Farben die stärkste
die unauslöschlichste
die Farbe der Leere ist?

(Hans Raimund)

Angst eins

Jede Ecke oder Gasse jeder Augenblick ist günstig
für den Killer, der seit Jahren Tag und Nacht
her ist hinter mir.
Erschieße mich, erschieße mich – sage ich zu ihm
und biet als Ziel mich an
von vorne von der Seite und von hinten –
laß uns ein Ende machen, bring mich um.
Und während ich das sage, merke ich,
daß ich zu mir alleine rede.
                          Doch
es nützt nichts, nützt nichts. Allein
gelingt es mir nicht, mich zu richten.

(Hans Raimund)

Paura seconda

Niente ha di spavento
la voce che chiama me
proprio me
dalla strada sotto casa
in un'ora di notte:
è un breve risveglio di vento,
una pioggia fuggiasca.
Nel dire il mio nome non enumera
i miei torti, non mi rinfaccia il passato.
Con dolcezza (Vittorio,
Vittorio) mi disarma, arma
contro me stesso me.

(Aus: Stella variabile, 1979)

Angst zwei

Nichts Schreckliches ist
an der Stimme, die mich
– und keinen andern – ruft
von der Straße vor dem Haus
irgendwann des Nachts:
es ist ein kurzes Aufkommen von Wind,
ein Regenschauer.
Meinen Namen nennend, zählt sie nicht auf
mein Unrechttun, hält das Vergangene mir nicht vor.
Mit Milde (Vittorio,
Vittorio) entwaffnet sie mich, bewaffnet
gegen mich selber mich.

(Hans Raimund)

Mario Luzi

Notizie a Giuseppina dopo tanti anni

Che speri, che ti riprometti, amica,
se torni per così cupo viaggio
fin qua dove nel sole le burrasche
hanno una voce altissima abbrunata,
di gelsomino odorano e di frane?

Mi trovo qui a questa età che sai,
né giovane né vecchio, attendo, guardo
questa vicissitudine sospesa;
non so più quel che volli o mi fu imposto,
entri nei miei pensieri e n'esci illesa.

Tutto l'altro che deve essere è ancora,
il fiume scorre, la campagna varia,
grandina, spiove, qualche cane latra,
esce la luna, niente si riscuote,
niente dal lungo sonno avventuroso.

(Aus: Primizie del deserto, 1952)

Tra notte e giorno

«Che luogo è questo?» mormora tra il sonno il mio compagno
scuotendosi al sussulto
del treno fermato in aperta linea.
«È un luogo verso Pisa» rispondo
mentre guardo nella profondità grigia il viola
cinerino dei monti affondare nel colore dell'ireos.
Una tappa del lungo andirivieni
tra casa e fuori, tra la tana e il campo,

Mario Luzi

Mitteilung an Giuseppina nach so vielen Jahren

Was hoffst du, was versprichst du dir, Freundin,
wenn du zu so finstrer Reise umkehrst
bis dahin, wo in der Sonne die Stürme
eine laut erhobene Trauerstimme haben,
nach Jasmin riechen und aufgebrochener Erde?

Ich bin nun hier in dem Alter, das du kennst,
weder jung noch alt, ich warte, ich betrachte
dieses schwankende Schicksal;
ich weiß nicht mehr, was ich wollte oder mir auferlegt war,
du kommst in meine Gedanken und verläßt sie unversehrt.

Alles andere, was sein muß, ist noch,
der Fluß strömt, die Landschaft wechselt,
es hagelt, hört auf zu regnen, Hunde bellen,
der Mond scheint, nichts schreckt auf,
nichts aus dem langen Schlaf der Abenteuer.

(Stefan Matuschek)

Zwischen Nacht und Tag

»Wo sind wir?« murmelt mein Begleiter, aus dem Schlaf gerüttelt
vom Stoß des Zuges,
der auf offener Strecke anhält.
»An einem Orte gegen Pisa«, antworte ich
und sehe in der grauen Weite aschnes Violett
der Berge irisfarben sich vertiefen.
Eine Etappe im langen Hin und Her
zwischen zuhause und draußen, zwischen Höhle und Feld:

rifletto io pensando a lui
che spesso parla della nostra vita
come del lavorio d'un animale strano tra formica e talpa.
E ancora dev'essere un pensiero
non dissimile da questo
che muove ad un sorriso
colpevole le labbra
di lui riverso con la testa contro lo schienale in quest'alba.
O morire o piegarsi sotto il giogo
della bassezza della specie, leggo
in quel viso servo e ghiotto,
fiducioso della buona sorte
dell'anima e, perché no, della rivoluzione inesorabile
        ch'è alle porte.

«Anche tu sei nel gioco,
anche tu porti pietre
rubate alle rovine
verso i muri dell'edificio» penso;
e penso ad un amore più grande del mio
che vince questa ripugnanza
e insieme a una saggezza più perfetta che prende il buono
e per il buono chiude un occhio sul corrotto e il guasto.

Fugge, fuoco di rondine
saettato dalla pioggia,
si spenge alto
il grido del ferroviere che dà il via
al convoglio impigrito tra l'erba folta.

«Devi crescere: crescere in amore
e in saggezza» m'intima quel viso
disfatto che trasuda in questa luce di giorno incerto.

(Aus: Nel magma, 1963)

so denke ich an ihn,
der öfter spricht von unserm Leben
als dem Treiben eines ameisen- oder maulwurfähnlichen Tieres.
Und ein Gedanke
ähnlich dem,
der als ein Lächeln
auf seinen schuldigen Lippen spielt,
da er den Kopf zurücklehnt auf das Rückenpolster in der Morgenfrühe.
Sterben oder sich beugen unter das Joch
der Niedrigkeit der Spezies, ich lese
in diesem sklavisch-lüsternen Gesicht
Vertrauen auf ein gutes Schicksal
der Seele und, warum nicht, bei der unerbittlichen Veränderung,
    die bevorsteht.

»Auch du bist mit von der Partie,
auch du bringst Steine,
die aus Ruinen du gestohlen hast
zu Mauern des Gebäudes«, denk ich;
und denk an eine Liebe, welche größer wäre
und einen solchen Widerwillen überwände
aus einer besseren Weisheit, die das Gute annimmt
und für das Gute auch ein Auge zudrückt vor Schaden und Verderbnis.

Es flieht, ein Schwalbenfeuer,
geschnellt vom Regen,
erlischt hoch oben,
der Ruf des Eisenbahners, der die Durchfahrt freigibt
der Wagenschlange, träg geworden zwischen dichtem Gras.

»Wachsen sollst du, wachsen in Liebe
und in Weisheit«, bedeutet das erschöpfte
Gesicht, das schwitzt im Lichte dieses ungewissen Tages.

(Guido Schmidlin)

Dalla torre

Questa terra grigia lisciata dal vento nei suoi dossi
nella sua galoppata verso il mare,
nella sua ressa d'armento sotto i gioghi
e i contrafforti dell'interno, vista
nel capogiro dagli spalti, fila
luce, fila anni luce misteriosi,
fila un solo destino in molte guise,
dice: «guardami, sono la tua stella»
e in quell'attimo punge più profonda
il cuore la spina della vita.
Questa terra toscana brulla e tersa
dove corre il pensiero di chi resta
o cresciuto da lei se ne allontana.

Tutti i miei più che quarant'anni sciamano
fuori del loro nido d'ape. Cercano
qui più che altrove il loro cibo, chiedono
di noi, di voi murati nella crosta
di questo corpo luminoso. E seguita,
seguita a pullulare morte e vita
tenera e ostile, chiara e inconoscibile.

Tanto afferra l'occhio da questa torre di vedetta.

(Aus: Dal fondo delle campagne, 1965)

Vom Turm

Diese graue Erde, blank gefegt vom Winde auf den Rücken
in ihrem wilden Ritt zum Meer,
gedrängte Herde unter ihren Jochen
mit innern Strebepfeilern, gesehen
von schwindelnden Zinnen, webt
Licht, webt Jahre, Licht, geheimnisvoll,
webt ein einziges Schicksal in verschiedener Gestalt,
spricht: »Betrachte mich, ich bin dein Stern«,
und dabei durchbohrt noch tiefer
der Lebensdorn das Herz.
Diese toskanische Erde, öd und rein,
sie durchläuft im Geist, wer bleibt
oder als ihr Kind herangewachsen, sich entfernt.

Alle meine mehr als vierzig Jahre schwärmen
aus ihrem Bienenstock, suchen
hier mehr als anderswo die Nahrung, verlangen sie
von uns, von euch, die ihr schon eingemauert in die Kruste
dieses lichten Körpers. Fort fährt,
fort fährt zu sprießen Tod und Leben,
zärtlich, feindlich, klar und unerkennbar.

So viel umfasst der Blick vom Auslug dieses Turmes.

(Guido Schmidlin)

Vola alta, parola, cresci in profondità,
tocca nadir e zenith della tua significazione,
giacché talvolta lo puoi – sogno che la cosa esclami
nel buio della mente –
però non separarti
da me, non arrivare,
ti prego, a quel celestiale appuntamento
da sola, senza il caldo di me
o almeno il mio ricordo, sii
luce, non disabitata trasparenza …

La cosa e la sua anima? o la mia e la sua sofferenza?

(Aus: Per il battesimo dei nostri frammenti, 1985)

Flieg hinauf, Wort, wachse in die Tiefe,
berühre Nadir und Zenit deiner Bedeutung,
da du es manchmal vermagst – ich träume das Ding rufe
im Dunkel der Gedanken –
doch trenne dich nicht
von mir, komme nicht,
ich bitte dich, allein zu dem himmlischen Treffen,
ohne die Wärme von mir
oder zumindest meine Erinnerung, sei
Licht, nicht leblose Transparenz ...

Das Ding und seine Seele? Oder mein und sein Leid?

(Stefan Matuschek)

Franco Fortini

In una strada di Firenze

In una strada di Firenze
c'è una porta che dà in un cortile di pietra.
Graffiti antichi sono sulle pareti:
Ercole e l'Idra, Amore, corone di foglie,
allori incisi e roseti.
Non so chi sia nella casa. È come una chiesa tranquilla.
In alto il cielo riposa. Ogni cosa è al suo luogo.
Quando torno a Firenze, se vo per quella strada,
nel cortile entro e guardo:
passano in alto le nuvole naturali,
come monti si ombrano le pareti.
Anche in me stesso quelle nuvole passano,
anche in me stesso stanno quelle pareti.
Per questo guardo e guardo quel silenzio,
le corone di edera antichissime
e credo che una rosa esiti dentro il sasso.

(Aus: In una strada di Firenze, 1955)

Traducendo Brecht

Un grande temporale
per tutto il pomeriggio si è attorcigliato
sui tetti prima di rompere in lampi, acqua.
Fissavo versi di cemento e di vetro
dov'erano grida e piaghe murate e membra
anche di me, cui sopravvivo. Con cautela, guardando
ora i tegoli battagliati ora la pagina secca,
ascoltavo morire
la parola d'un poeta o mutarsi
in altra, non per noi più, voce. Gli oppressi

Franco Fortini

In einer Straße von Florenz

In einer Straße von Florenz
weiß ich ein Tor, das geht auf einen gepflasterten Hof.
An den Mauern antike Graffiti:
Herkules und die Hydra, ein Amor, Blätterkronen,
steinerner Lorbeer und Rosenstauden.
Ich weiß nicht, wer dort wohnt. Still wie eine Kirche das Haus.
Der Himmel darüber ruht aus. Es ist alles an seinem Platz.
Wenn ich in Florenz bin, durch diese Straße komme,
suche ich diesen Hof auf und schaue:
darüber ziehen die Wolken, wie immer,
Schatten fällt über die Mauern wie über Gebirge.
Auch in mir ziehen diese Wolken.
Auch in mir ragen diese Mauern.
Deshalb schaue ich und schaue diese Stille an,
die sehr alten Efeukränze.
Es scheint mir, als zögere eine Rose im Fels.

(Hans Magnus Enzensberger)

Beim Übersetzen von Brechts Gedichten

Ein großes Gewitter
hing über den Dächern den ganzen Nachmittag,
eh es barst in Wassergüssen und Blitzen.
Ich starrte auf Zeilen aus Mörtel, Zeilen aus Glas,
darin vermauert waren Schreie und Wunden und Fleisch
auch von meinem, des Überlebenden, Fleisch. Sorgfältig,
bald die Walstatt der Ziegel, bald das trockene Blatt
betrachtend, hörte ich, wie das Wort
eines Dichters starb oder sprach,
zu uns nicht mehr, mit anderer Stimme. Die Unterdrückten

sono oppressi e tranquilli, gli oppressori tranquilli
parlano nei telefoni, l'odio è cortese, io stesso
credo di non sapere più di chi è la colpa.

Scrivi mi dico, odia
chi con dolcezza guida al niente
gli uomini e le donne che con te si accompagnano
e credono di non sapere. Fra quelli dei nemici
scrivi anche il tuo nome. Il temporale
è sparito con enfasi. La natura
per imitare le battaglie è troppo debole. La poesia
non muta nulla. Nulla è sicuro, ma scrivi.

(Aus: Una volta per sempre, 1963)

Molto chiare...

Molto chiare si vedono le cose.
Puoi contare ogni foglia dei platani.
Lungo il parco di settembre
l'autobus già ne porta via qualcuna.
Ad uno ad uno tornano gli ultimi mesi,
il lavoro imperfetto e l'ansia,
le mattine, le attese e le piogge.

Lo sguardo è là ma non vede una storia
di sé o di altri. Non sa più chi sia
l'ostinato che a notte annera carte
coi segni di una lingua non più sua
e replica il suo errore.
È niente? È qualche cosa?
Una risposta a queste domande è dovuta.
La forza di luglio era grande.
Quando è passata, è passata l'estate.
Però l'estate non è tutto.

(Aus: Paesaggio con serpente, 1984)

sind seelenruhig unterdrückt, die Unterdrücker sprechen
seelenruhig ins Telefon, der Haß höflich, ich selber
glaube nicht mehr zu wissen, wer schuld ist.

Schreib, sage ich mir, hasse
die da mit sanfter Hand in das Nichts führen
Männer und Frauen von deinem Schlag,
die glauben nicht mehr zu wissen. Unter die Namen der Feinde
schreib auch den deinen. Das Gewitter
mit seinen Schlägen ist vorbei. Die Natur
ist zu schwach, um die Schlachten abzubilden. Die Poesie
ändert nichts. Nichts ist sicher. Also schreib.

(Hans Magnus Enzensberger)

Ganz klar…

Ganz klar sind die Dinge zu sehen.
Du kannst jedes Blatt der Platanen zählen.
Längs des septemberlichen Parks
trägt der Autobus schon manch eines fort.
Nacheinander kehren die letzten Monate wieder,
die unvollkommene Arbeit, die Angst,
die Morgenstunden, das Warten, der Regen.

Der Blick ist da, doch sieht keine Geschichte
von sich oder andren. Er weiß nicht mehr,
wer der Hartnäckige ist, der nachts Papier schwärzt
mit Zeichen einer Sprache, die ihm nicht mehr gehört,
und der seinen Irrtum stets wiederholt.
Ist er nichts? Ist er etwas?
Die Fragen verlangen nach einer Antwort.
Die Macht des Juli war groß.
Ist sie vorbei, ist der Sommer vorbei.
Doch ist der Sommer nicht alles.

(Wolfgang Matz)

Saba

La mattina di luglio
e a volo l'acqua della manichetta
va su gradini e foglie
e là di certo contenta mia moglie
allegra agita lo scintillìo...

Va la memoria ad un verso di Saba.
Ma ne manca una sillaba. Per quanti
anni l'ho male amato
infastidito per quel suo delirio
biascicato, per quel rigirìo
d'esistenza...

E ora che riposano
il suo libro e il mio corpo
indifferenti
come un sasso o una pianta
o una invincibile ombra nel bosco
(nel vuoto il sole s'avventa
e un'iride ne grida) riconosco
con lo stupore di chi vede il vero
lunga la poesia, lungo l'errore.

Parevi stanca, parevi ammalata
ma t'ho riconosciuta, io che t'ho amata.

(Aus: Composita solvantur, 1994)

Saba

Ein Morgen im Juli,
und der Wasserstrahl aus dem Schlauch
geht nieder auf Stiegen und Blätter,
und dort meine Frau, sicher zufrieden,
schwenkt fröhlich Funkelndes…

Ein Vers von Saba fällt mir ein.
Aber es fehlt mir eine Silbe. Wie viele
Jahre konnte ich ihn nicht recht lieben,
verärgert durch sein gemurmeltes
Faseln, durch jenes Umkreisen
von Existenz…

Und jetzt, da sein Buch
und mein Körper ausruhen,
gleichgültig
wie ein Stein oder eine Pflanze
oder ein unüberwindlicher Schatten im Wald
(ins Leere stürzt sich die Sonne
und ein Regenbogen kreischt), erkenne ich,
mit dem Erstaunen dessen, der sieht, das Wahre
an diesem Gedicht, an diesem Irrtum.

Parevi stanca, parevi ammalata
ma t'ho riconosciuta, io che t'ho amata.

(Hans Raimund)

Giorgio Orelli

Sinopie

> [...]
> mentre in disparte l'umiltà dei vinti...
> [...]
> *C. Rebora, Framm. XXXIV*

Ce n'è uno, si chiama, credo, Marzio,
ogni due o tre anni mi ferma che passo
adagio, in bicicletta, dal marciapiede mi chiede
se Dante era sposato e come si chiamava sua moglie.
«Gemma», dico, «Gemma Donati». «Ah sì, sì, Gemma»,
fa lui, con suo sorriso, «grazie, mi scusi».
                                        Un altro,
più vecchio, che incontro più spesso, son sempre io a salutarlo
per primo, e penso: forse si ricorda
d'avermi aiutato, una notte di pioggia e di vento ch'ero uscito
per medicine, a rimettermi in sesto con suoi ferri (a quell'ora!)
una ruota straziata dall'ombrello.
Un terzo, quasi centenario, sordo, per solito
se appena mi vede grida: «Uheilà, giovinotto», e dal gesto si capisce
che mi darebbe, se potesse, una pacca paterna sulla spalla,
ma talora si limita a sorridermi, o, ad un tratto, eccitato
esclama: «Ha visto! La camelia è sempre la prima a fiorire»,
o altro, secondo la stagione.
                                        D'altri
pure vorrei parlare, che sono già tutti sinopie
(senza le belle beffe dei peschi dei meli)
traversate da crepe secolari.

(Aus: Sinopie, 1977)

Giorgio Orelli

Rötelskizzen

> […]
> während abseits die Demut der Besiegten…
> […]
> *C. Rebora, Framm. XXXIV*

Da ist einer, Marzio heißt er, glaube ich,
der mich alle zwei, drei Jahre einmal anhält, wenn ich langsam
mit dem Fahrrad vorbeifahre. Vom Gehsteig fragt er mich,
ob Dante verheiratet war und wie seine Frau geheißen hat.
»Gemma«, sage ich, »Gemma Donati.« »Ah ja, genau, Gemma«,
gibt er mit einem Lächeln zurück, »vielen Dank, verzeihen Sie.«
                                                    Einem anderen,
älteren, begegne ich noch öfter; immer bin ich der,
der zuerst grüßt, und denke: vielleicht erinnert er sich noch daran,
als er mir einmal, als ich in einer stürmischen Regennacht ausgegangen war,
um Medikamente zu besorgen, geholfen hat (zu dieser Unzeit!), mit seinem
    Werkzeug
ein Rad zu reparieren, das der Regenschirm arg zugerichtet hatte.
Ein dritter, taub und fast hundertjährig, hat die Gewohnheit,
kaum sieht er mich, zu schreien: »Heda, junger Mann«, und an der Geste
    merkt man,
daß er mir am liebsten väterlich auf die Schultern klopfen würde,
aber dann beläßt er es bei einem Lächeln oder ruft mir ganz plötzlich
und aufgeregt zu: »Sehen Sie! Die Kamelie blüht immer als erste!«,
oder anderes, je nach der Jahreszeit.
                                        Von anderen
würde ich auch gern sprechen, nun schon alle Rötelskizzen
(jenseits der frechen Streiche der Pfirsich-, der Apfelbäume)
mit ihren jahrhundertealten Rissen.

(Theresia Prammer)

Moosackerweg

Gorgogliavi al telefono come i fagiani
del Tremorgio ascoltati dalla costa
che sale al Campolungo
prima che vadano in pianta o dal lago
in barca col guardiano Isidoro detto il Monco.
Ora andiamo guardinghi fra giardini
dove s'addensano dalie screziate,
verso gli atri muscosi
promessi dalla via.
                        Non ti ferisce il sole,
imbozzolato quanto basta, non ti disturba il ghiaìno
sparso con parsimonia. Garbatissimi cani
levano appena un guaìto (taceranno al ritorno).
C'è chi innaffia, chi uguaglia o sfoltisce
siepi di sempreverdi, chi ancora raggiunge una noce,
uomini soli di sabato, l'uno distante anni luce dall'altro,
grüezi rispondono quasi sorpresi al saluto,
grüssgott mentre con loro riflessi violacei
giungono placidi corvi che disertano un folto congresso
in cielo per trascorrere qui, non privi di grazia posarsi
su betulle, su meli …
Esperti di sorrisi-di-dormienti
all'ombra e al sole, tua nonna ed io non tardiamo a capire
quel che vuoi dirci: «Tutte quelle mele
così rosse sul ciglio della strada,
non raccoglietele, non sono buone,
da queste parti finito il raccolto è difficile
trovarne anche una sola che sia tutta sana,
bella liscia, non aspra. Ma non conta, ben altro
può riempirci di gioia o contristarci, ben altro
irridere a un tratto le nostre scarse difese».
                                    Hai ragione,
Matteo, non importa, *procedamus cum pace*.

(Aus: Spiracoli, 1989)

Moosackerweg

Am Telefon hast du gegluckst wie die Fasanen
des Tremorgio, gehört am Hang,
der nach Campolungo hinaufführt,
bevor sie auf die Bäume flattern oder vom See
aufs Boot mit dem Hüter Isidoro, genannt der Krüppel.
Wir gehen nun vorsichtig zwischen Gärten,
wo sich bunte Dahlien drängen,
zu den moosbewachsenen Hallen,
die uns vom Leben versprochen.
                              Dich verletzt die Sonne nicht,
gerade genug verhüllt, dich stört der Kies nicht,
sparsam gestreut. Artige Hunde
winseln nur leise (bei der Rückkehr werden sie schweigen).
Da sind Leute, die gießen, immergrüne Hecken
begradigen oder ausdünnen, noch eine Nuß herunterholen,
Männer, samstags einsam, einer vom anderen Lichtjahre entfernt,
Grüezi, antworten sie fast erstaunt über den Gruß,
Grüß Gott, während mit ihrem violetten Schimmer
träge Raben herbeifliegen, die eine große Tagung am Himmel
verlassen, um hier zu verweilen, sich nicht ohne Anmut niederzulassen
auf Birken, auf Apfelbäumen ...
Erfahren im Lächeln von Schlafenden
im Schatten und in der Sonne, verstehen deine Großmutter und ich sofort,
was du sagen willst: »All die Äpfel
so rot am Straßenrand,
sammelt sie nicht auf, sie sind nicht gut,
nach der Ernte ist es hier in der Gegend schwierig,
auch nur einen einzigen zu finden, der makellos ist,
schön glatt, nicht sauer. Aber das zählt nicht, ganz anderes
kann uns mit Freude erfüllen oder betrüben, ganz anderes
kann plötzlich unserer schwachen Abwehr spotten.«
                              Du hast recht,
Matteo, es macht nichts, *procedamus cum pace*.

(Maja Pflug)

Le anguille del Reno

Le anguille che ci arrivano dal Reno
sono dure a morire. Stimolate
dal pescivendolo s'agitano
nerastre in scarso ghiaccio
tra un bianco di polistirolo.
Il compaziente fatto compratore
ne chiede due. Le pesa una donna
che a un tratto grida: è scappata.
Con un guizzo più certo la più piccola
è balzata dal piatto sul porfido
della piazza, ma è subito calma,
è facile riprenderla.
Tagliarle a pezzi non basta
per farle cessare di vivere.

(Aus: Spiracoli, 1989)

Die Rheinaale

Die Rheinaale, wenn sie zu uns
kommen, wollen nicht sterben. Vom Fisch-
händler gereizt, zappeln sie schwärzlich
im spärlichen Eis zwischen Wänden
aus weißem Polystyrol.
Der Mitleidende, der nun zum Käufer wird,
nimmt deren zwei. Es wägt sie eine Frau,
die auf einmal »Einer ist ab« schreit.
Mit einem sicheren Ruck ist der kleinere
aus der Schale hinab aufs Porphyr
des Platzes gezuckt, doch sogleich ist er ruhig,
ihn wiederzufangen ist leicht.
Nicht reicht's, sie in Stücke zu schneiden,
um ihrem Leben ein Ende zu setzen.

(Christoph Felber)

Andrea Zanzotto

Prima persona

– Io – in tremiti continui, – io – disperso
e presente: mai giunge
l'ora tua,
mai suona il cielo del tuo vero nascere.
Ma tu scaturisci per lenti
boschi, per lucidi abissi,
per soli aperti come vive ventose,
tu sempre umiliato lambisci
indomito incrini
l'essere macilento
o erompente in ustioni.
Sul vetro
eternamente oscuro
sfugge pasqua dagli scossi capelli
primavera dimora e svanisce.
Tu ansito costretto e interrotto
ora, ora e sempre,
insaziabile e smorto raggiungermi.
Ora e sempre? Ma se di un bene
l'ombra, se di un'idea
solo mi tocchi, o vortice a cui corrono
i conati malcerti, il fioco
sospingermi del cuore. E là nel vetro
pasqua e maggio e il rissoso lume affondano
e l'infinito verde delle piogge.
Col motore sobbalza
la strada e il fango, cresce
l'orgasmo, io cresco io cado.
Di te vivrò fin che distratto ecceda
il tuo nume sul mio
già estinto significato,

Andrea Zanzotto

Prima persona

– Ich – in unaufhörlichem Zittern, – ich – verstreut
und gegenwärtig: nie kommt
deine Stunde,
nie ertönt der Himmel von deiner wahren Geburt.
Aber du quillst durch langsame
Wälder, durch leuchtende Abgründe,
durch Sonnen, wie lebendige Saugnäpfe geöffnet,
du streifst, immer erniedrigt,
schneidest ungebändigt
das abgezehrte oder in Flammen
ausbrechende Sein.
Auf der ewig
dunklen Fensterscheibe
entflieht Ostern mit den geschüttelten Haaren,
Frühling weilt und vergeht.
Du, gezwungene und unterbrochene Atemnot,
die jetzt, jetzt und immer
unersättlich und fahl mich erreicht.
Jetzt und immer? Doch wenn von einem Guten
der Schatten, wenn von einer Idee
allein du mich berührst, o Wirbel, zu dem
die unsicheren Versuche eilen, und
der schwache Drang meines Herzens. Dort
in der Fensterscheibe versinken Ostern und Mai,
das zänkische Licht
und das unendliche Grün des Regens.
Mit dem Motor springt die Straße auf
und der Schlamm, wächst
die Erregung, wachse ich, falle ich.
Von dir werde ich leben, bis zerstreut
deine Gottheit meine

fin che in altri terrori tu rigermini
in altre vanificazioni.

(Aus: Vocativo, 1957)

La quercia sradicata dal vento
    nella notte del 15 ottobre MCMLVIII

Nel campo d'una non placabile
idea,
d'una sera che il vento era tutto,
sì, tutto, e mi premeva
col suo gelo verso il più profondo
di quell'idea di quel sogno,
tricosa Gordio
da atterrire il filo della spada.
Nel seno d'energia
di quella inibizione nera
che faceva le cose sempre più
sempre più terra nella terra.
Vedi: troppo vicine le mie stanze
sono a te, quercia: resisti
ora, sull'orlo, sta
anche per tutto il mio
mancare.
. . . .

Ti rinvenimmo
attraverso la squallida bocca del giorno,
rovesciata. Nel basso,
empito umbrifero, plurimo,
di calme e aromi che ti spiegavi fin là,
sino alla fonte mai vista del fiume
sino all'infanzia fantastica balbettante degli avi.
Ai nostri abietti piedi
tu ch'eri la vetta cui corre
l'occhio e il tempo al riposo.

schon erloschene Bedeutung übertrifft,
bis du in neuen Schrecken,
in neuen vergeblichen Verkörperungen aufkeimst.

(Helga Böhmer und Gio Batta Bucciol)

Die vom Wind entwurzelte Eiche,
in der Nacht des 15. Oktober MCMLVIII

Auf dem Feld einer unbezwingbaren
Idee,
eines Abends, als der Wind alles war,
ja, alles, und mich mit seinem
Frost zur tiefsten Tiefe
jener Idee, jenes Traumes drängte,
borstige Gordio,
des Schwertes Schneide zu erschrecken.
In den Energie-Grund
der schwarzen Hemmung,
welche die Dinge mehr und mehr,
mehr und mehr zu Erde in der Erde wandelte.
Sieh: allzu nahe sind, Eiche,
dir meine Kammern; widerstehe
nun am Saum, steh'
auch für all mein
Versagen.
. . . .
Wir fanden dich
durch die wüste Öffnung des Tages,
umgeworfen. In der Tiefe,
schattiger, üppiger Fülle
von Ruhe und Düften, die du bis heute gespendet,
bis zum niegeschauten Quell des Flusses,
bis zur phantastischen stammelnden Kindheit der Ahnen.
Zu unsern verworf'nen Füßen,
du, der du der Wipfel warst, zu dem
das Auge gleitet und die Zeit, sich auszuruhen.

E ora il sole allarga aride ali
sul paese svuotato di te.
. . . .

Quercia, come la messe
d'embrici e vetri, la dispersione
per selciati ed asfalti
– nostre irrite grida, irriti aneliti –,
quercia umiliata ai piedi
miei, di me inginocchiato
invano a alzarti come si alza il padre
colpito, invano
prostrato ad ascoltare
in te nostri in te antichissimi
irriti aneliti, irriti gridi.

(Aus: IX Ecloghe, 1962)

La perfezione della neve

Quante perfezioni, quante
quante totalità. Pungendo aggiunge.
E poi astrazioni astrificazioni formulazione d'astri
assideramento, attraverso sidera e coelos
assideramenti assimilazioni –
nel perfezionato procederei
più in là del grande abbaglio, del pieno e del vuoto,
ricercherei procedimenti
risaltando, evitando
dubbiose tenebrose; saprei direi.
Ma come si soffolce, quanta è l'ubertà nivale
come vale: a valle del mattino a valle
a monte della luce plurifonte.
Mi sono messo di mezzo a questo movimento-mancamento radiale
ahi il primo brivido del salire, del capire,
partono in ordine, sfidano: ecco tutto.
E la tua consolazione insolazione e la mia, frutto

Jetzt breitet die Sonne dürre Flügel
über das Land, wo du nicht mehr bist.
. . . .

Eiche, wie die Ernte
von Ziegeln und Glas, Verschwendung
auf Pflaster und Asphalt
– unsere nichtigen Schreie, unser nichtiges Verlangen –,
Eiche, erniedrigt zu meinen
Füßen, der ich vor dir knie,
vergeblich, dich aufzurichten wie man dem ohnmächtigen
Vater hilft, vergeblich
hinabgebeugt, in dir auf
unser, in dir auf unser uraltes
nichtiges Verlangen, auf unsere nichtigen Schreie zu lauschen.

(Helga Böhmer)

Die Vollkommenheit des Schnees

Wieviel vollkommene Gebilde, wieviel
wieviel Ganzheiten. Bitzelt blinzelnd.
Und dann Abstraktionen Astrifikationen Gestirnformulierung
Verstirnungen, per abstracta ad astra
Verfrorenheiten Vergleichungen –
im Vervollkommneten würde ich vorgehen
weiter jenseits des großen Versehens, des Vollen und des Leeren,
Vorgehensweisen würde ich erforschen
hervorstechend, vermeidend
Zweifelhaftes, Dunkles; würde wissen würde sagen.
Doch wie stützt uns, wie nützt uns Schneefülle
Schneehülle, höllentalwärts vom Morgen aus
heilbergwärts vom mehrquelligen Licht.
Ich habe mich dieser radialen Mangelbewegung ins Mittel gelegt
hei, der erste Schauder beim Erheben, beim Erleben
geordnet losfliegen, Trotz bieten: und schon.
Und deine Sonneneinstrahlung, deine Wonneneinstrahlung und meine,

di quest'inverno, allenate, alleate,
sui vertici vitrei del sempre, sui margini nevati
del mai-mai-non-lasciai-andare,
e la stella che brucia nel suo riccio
e la castagna tratta dal ghiaccio
e – tutto – e tutto-eros, tutto-lib. Libertà nel laccio
nell'abbraccio mi sta: ci sta,
ci sta all'invito, sta nel programma,
    nella faccenda.
Un sorriso, vero? E la vi(ta) (id-vid)
quella di cui non si può nulla, non ipotizzare,
sulla soglia si fa (accarezzare?).
Evoè lungo i ghiacci e le colture dei colori
e i rassicurati lavori degli ori.
Pronto. A chi parlo? Riallacciare.
E sono pronto, in fase d'immortale,
per uno sketch-idea della neve, per un suo guizzo.
Pronto.
Alla, della perfetta.

«È tutto, potete andare.»

(Aus: La Beltà, 1968)

Dolcezza. Carezza. Piccoli schiaffi in quiete.
                Diteggiata fredda sul vetro.
Bandiere piccoli intensi venti/vetri.
                Bandiere, interessi giusti e palesi.
Esse accarezzano libere inquiete. Legate leggiere.
Esse bandiere, come-mai? Come-qui?
Battaglie lontane. Battaglie in album, nel medagliere.
Paesi. Antichissimi. Giovani scavi, scavare nel cielo, bandiere.
Cupole circo. Bandiere che saltano, saltano su.
Frusta alzata per me, frustano il celeste ed il blu.
Tensioattive canzoni/schiuma gonfiano impauriscono il vento. Bandiere.
Botteghino paradisiaco. Vendita biglietti. Ingresso vero.

Frucht dieses Winters, eingeübt nicht eingetrübt,
auf den Glasgipfeln des Immer, auf den Schneerändern
des Nie-und-nimmer-ließ-ich-gehen,
und der Stern, der in seiner Schale brennt,
und die aus dem Gletscher geholte Kastanie
und – all – Alliebe, alibi – do ut des in den Banden
den Sarabanden steht mir zu, steht uns zu,
steht uns zu auf auf, -forderung, steht im Programm, im Vollzug des
    Geschäftsakts
Ein Lächeln, ja? Und das Le(ben) (lif-lib)
das, wofür man nichts (tun) kann, nichts voraussetzen,
läßt sich auf der Schwelle (liebkosen?)
Efeu längs den Gletschern und den bunten Breiten
und den nun besänftigten Goldarbeiten.
Allem verbunden. Falsch verbunden? Eingehängt.
Und bin verbundbereit, in der Unsterblichkeitsphase,
für einen Ideensketch über den Schnee, für einen Spritzer von ihm.
Bereit.
Vom, zum vollkommenen.

»Das ist alles. Ite, missa est.«

(Hartmut Köhler)

Zärtlichkeit. Sanftmut. Leichte Windberührung.
                    Fingersatz kalt auf dem Glas.
Fahnen plötzliche Stürme/spüren.
                    Fahnen, wahre, offenbare Interessen.
Zärtlich, frei und ruhelos. Locker befestigt.
Die Fahnen, wie-daß? Daß-hier?
Ferne Schlachten. Bilder von Schlachten, Trophäen.
Dörfer. Älteste. Junge Grabungen, im Himmel wird gegraben, Fahnen.
Kuppeln, ein Zirkus. Fahnen wehen in die Höhe, wehen.
Peitsche erhoben gegen mich, sie peitschen den Himmel, das Blau.
Kapillarreiche Lieder/Schaum blasen den Wind auf, erschrecken ihn. Fahnen.
Paradiesische Kartenbude. Kartenverkauf. Hier ist der Eingang.

Chiavistelli, chiavistelle a grande offerta.
Chiave di circo-colori-cocchio circo. Bandiere.
Nel giocattolato fresco paese, giocattolo circo.
Piccolissimo circo. Linguine che lambono. Inguini. Bifide
trifide bandiere, battaglie. Biglie. Bottiglie.
Oh che come un fiotto di fiotti bandiere balza tutto il circo-cocò.
Biglie bowling slot-machines trin trin stanno prese
nella lucente [   ] folla tagliola del marzo –
come sempre mortale
come sempre in tortura-ridente
come sempre in arsura-ridente ridente
E lui va in motoretta sulla corda tesa su verso la vetta
del campanile, dell'anilinato mancamento azzurro.
E butta all'aria. Bandiere. Ma anche fa bare, o fa il baro.
Bara nell'umido nel secco. Carillon di bandiere e bandi.
S'innamora, fa circhi delle sere.
Sforbicia, marzo. Tagliole. Bandi taglienti. Befehle come raggi e squarti.

Partiva il circo la mattina presto –
furtivo, con un trepestio di pecorelle.
Io perché (fatti miei), stavo già desto.
Io sapevo dell'alba in partenza, delle
                    pecorelle del circo sotto le stelle.
                    Partenza il 19, S. Giuseppe,
                    a raso a raso il bosco, la brinata, le crepe.

(Aus: Il Galateo in Bosco, 1978)

Sterngitter, Gitterschlösser, in reicher Auswahl.
Schlüssel des Zirkus-Lichtgewitter-Kutschen Zirkus. Und Fahnen.
Lebhaftes Spielzeugdorf, darin der Spielzeugzirkus.
Winziger Zirkus. Zungen, ganz nahe. Flügel der Lunge, zwei-
dreigespaltene Fahnen, Schlachten. Kugeln. Kegel.
Oh, wie ein Strahlenbündel Fahnen steige der Zirkus-Kuß auf.
Kugeln Kegeln slot-machines klirr klirr Gefangene
der schimmernden [   ] Menge der Fallen im März –
der tödliche wie immer
wie immerwährend lachender Folter
der lachende wie immer in lachender Dürre.
Mit dem Motorrad fährt er steil über das gespannte Seil
zur Spitze des Turms hinauf, ins schwindende Blau, ins Hellrot.
Und stellt alles auf den Kopf. Fahnen. Er sägt Särge, ein herrlicher
    Schwindler im Spiel.
Er schwindelt bei Nässe und Sonne. Glockenspiel aus Fahnen und Ermahnen.
Er verliebt sich und führt in den Nächten einen Zirkus auf.
März, der zerschneidet. Fallen. Hall, schneidend. Kommandi wie Strahlen,
    Zerspalten.

Frühmorgens brach der Zirkus auf –
mit Schafgetrappel, heimlich, sacht.
Ich war schon wach (warum, sag ich nicht gerne)
und wußte, die Frühe nimmt ihren Lauf
                    die Schafe des Zirkus unter den Sternen.
                    Aufbruch den 19., Tag des hl. Joseph,
                    fließend fließend der Wald, der Reif, die Risse.

(Donatella Capaldi, Ludwig Paulmichl, Peter Waterhouse)

Non si sa quanto verde
sia sepolto sotto questo verde
né quanta pioggia sotto questa pioggia
molti sono gli infiniti
che qui convergono
che di qui s'allontanano
       dimentichi, intontiti
Non-si-sa   Questo è il relitto
di tale   relitto piovoso
il verde in cui sta reticendo
       l'estremo del verde
Forse non-si-sa per un
sordo movimento di luce si
distilla in un suono effimero, e sa
       Forse si lascia sfiorare, si sporge,
       congiunge
       membra a membra, ritorce

(Aus: Meteo, 1996)

Wer weiß schon wieviel Grün
sich unter diesem Grün verbirgt
und wieviel Regen unter diesem Regen
unzählbar die Unendlichkeiten,
die hier zusammenkommen
und von hier wieder ausrücken
      unbedacht, wie betäubt
Wer-weiß-schon   Das ist der Überrest
von solchem   Überregensrest
das Grün, das in das Äußerste des Grüns
      zurückstrebt
Vielleicht wer-weiß wie eine
taube Lichtbewegung stiebt es auf
zu einem kurzlebigen Laut, und weiß
      Vielleicht läßt es sich flüchtig fassen, lugt heraus
      verbindet
      Glieder um Glieder, schert aus

(Theresia Prammer)

Bartolo Cattafi

Partenza da Greenwich

Si parte sempre da Greenwich
dallo zero segnato in ogni carta e in questo
grigio sereno colore d'Inghilterra.
Armi e bagagli, belle
speranze a prua,
sprezzando le tavole dei numeri
i calcoli che scattano scorrevoli
come toppe addolcite
da un olio armonioso, in un'esatta
prigione.
Troppe prede s'aggirano tra i fuochi
delle Isole, e navi al largo,
piene, panciute, buone
per essere abbordate dalla ciurma
sciamata ai Tropici
votata alla cattura
di sogni difficili, feroci.
Ed alghe, spume,
il fondo azzurro in cui
pesca il gabbiano del ricordo
posati accanto al grigio
disteso colore
degli occhi, del cuore, della mente,
guano australe ai semi
superstiti del mondo.

(Aus: Le mosche del meriggio, 1958)

Bartolo Cattafi

Abreise aus Greenwich

Man geht immer von Greenwich aus
von der null die in jede karte in dieses
leichte grau Englands eingeschrieben ist:
Seesack und waffenpack, die galionsfigur
der hoffnung am bug,
tabellen mißachtend
tabulatoren rechnungen im fluß
wie flicken, die öl
geschmeidig macht in einem genauen
gefängnis.
Zuviel beute geht durch das feuer
der inseln, und die schiffe auf hoher see sind
dick, bäuchig, gut
um geentert zu werden von der besatzung
die nach den tropen auszog
der jagd nach den schwierigen
träumen der gier geweiht.
Und algen, gischt,
der blaue grund in dem
die möwe des gedächtnisses fischt,
liegen neben dem ausgebreiteten grau

von auge, herz und hirn,
guano der südlichen hemisphäre an den
unverdorrten keimen der welt.

(Raoul Schrott)

Arcipelaghi

Maggio, di primo mattino
la mente gira su se stessa come
un bel prisma un bel cristallo un poco
stordito dalla luce.
Dal soffitto si stacca
neroiridato ilare il festone
delle mosche,
posa su grandi carte azzurre
riparte e lascia
ronzando isole minime, arcipelaghi
forse d'Africa e d'Asia.
Intanto in cielo sempre più si svolge
la mesta bandiera della luce.
Prima di sera l'unghia
scrosta l'isole
le immagini superflue.
Le carte ridiventano deserte.

(Aus: Qualcosa di preciso, 1961)

L'angelo custode

In un bordello
di Tunisi
appena entrato mi chiesero
se ero marinaio
dissi di no ma quasi
dato che sono in giro.
Chi va in giro si porta
tutto quello che ha
anche la febbre.
Ronzanti in sala c'erano
tre ragazze francesi
la nordica di Lilla
una italiana

Archipele

Mai, vom morgen an
kreisen die gedanken um sich selber wie
ein schönes prisma ein schöner kristall ein bißchen
betäubt vom licht.
Von der decke hebt sich
schwarzbogenfarbig fast heiter die girlande
der fliegen ab,
ruht auf großen blauen karten
schwingt sich wieder hoch und läßt
summend winzige inseln zurück, archipele
vielleicht afrikanische oder asiatische.
Unterdessen rollt sich am himmel die flackernde
flagge des himmels immer weiter auf.
Vor dem abend kratzt
der fingernagel die inseln wieder ab
die überflüssigen bilder.
Die karten werden wieder wüste.

(Raoul Schrott)

Der Schutzengel

In einem bordell
in Tunis,
kaum zur tür herein, fragten sie mich,
ob ich matrose sei.
Ich sagte, nein, aber fast,
wo ich doch immer unterwegs bin.
Unterwegs nimmt man alles
mit sich, was einem gehört,
das fieber auch.
Im saal summten
drei französische mädchen.
Die nordische aus Lille,
eine Italienerin

dell'Italia di mezzo
la terza molto mora
araba di Orano
la migliore.
Tu stai male
hai la febbre
mi disse l'italiana.
Le chiesi come diavolo facesse
a indovinarlo
rispose che si vedeva dal rossore
dalla luce degli occhi
dal complesso.
Le replicai Di quello
che ho dentro di me
cosa ne sai
lasciami stare.
Mi toccò la fronte
col palmo della mano
in un lampo la febbre
salì di dieci decimi.
Vattene disse
penso alla tua salute
sono il tuo angelo custode.
Ti ringrazio risposi
ma ora no
non è il caso se pensi
alla mia salute
non fare che peggiori.
E andai con Khedidja l'oranese.
L'angelo da bianca
che era divenne rossa
rimise dentro alla veste
un grosso seno.
Alle spalle mi disse
Con le tue mani
te la scavi la fossa.

(Aus: L'osso, l'anima, 1964)

aus Mittelitalien,
die dritte noch schwärzer,
eine Araberin aus Oran,
die beste.
Bist krank,
hast fieber,
meinte die Italienerin.
Ich fragte, woran zum teufel
sie das erkennt,
an den roten wangen, dem licht,
den augen, meinem
aussehen, antwortete sie.
Erwiderte ich, was weißt du,
was in mir steckt,
laß mich in frieden.
Mit der offenen hand
fuhr sie mir über die stirn
und auf einen schlag stieg
das fieber um zehn zehntel.
Hau ab, sagte sie,
ich denk an deine gesundheit,
bin dein schutzengel.
Dank dir, antwortete ich,
aber jetzt nicht,
kein grund daran zu denken,
mach's nicht noch schlimmer.
Und ich ging mit Khedidja, der aus Oran.
Der weiße engel
wurde langsam rot,
schob die dicke brust
zurück ins kleid.
Hinter meinem rücken sagte sie,
mit beiden händen
gräbst du dir dein grab.

(Raoul Schrott)

Pier Paolo Pasolini

E il vento, da Grado o da Trieste
o dai magredi sotto le Prealpi,
soffia e rapisce dalle meste

voci delle cene, qualche palpito
più puro, o nel brusio delle paludi
qualche più sgomento grido, o qualche

più oscuro senso di freschezza nell'umido
deserto degli arativi, dei canneti,
delle boschine intorno ai resultumi…

Sono sapori di quel mondo quieto
e sgomento, ingenuamente perso
in una sola estate, in un solo vecchio

inverno – che in questo mondo diverso
spande infido il vento. Ah quando
un tempo confuso si rifà terso

nella memoria, nel vero tempo che sbanda
per qualche istante, che sapore di morte…
Non ne stupisco, se a questi istanti

di disfatta e di veggenza, mi portano
anni consumati in una chiarezza
che non muta il mondo, ma lo ascolta

nella sua vita, con inattiva ebbrezza…

(Aus: Le ceneri di Gramsci, 1957)

Pier Paolo Pasolini

Der Wind von Grado und von Triest,
von den Almen des Vorgebirges
bläst und verträgt von den gedämpften

Stimmen beim Nachtmahl, hier und dort,
einen helleren Laut, aus dem Gesumme der Sümpfe
einen angstvolleren Schrei, eine Ahnung von Frische

aus der feuchten Wüste der Äcker,
des Schilfwalds, der Pflanzungen
rings um die Baracken…

Das ist Würze und Duft jener stillen
und betroffenen Welt, die naiv sich verbrauchte
in einem einzigen Sommer, einem einzigen

alten Winter – die der Wind nun flüchtig
verbreitet in diese veränderte Welt. Ach,
wenn eine Zeit der Verwirrung im Gedächtnis

wieder sich klärt, in die wirkliche Zeit
für einen Augenblick einbricht, wie schmeckt sie nach Tod…
Ich verwundre mich nicht, wenn zu solchen Momenten

der Niederlage und Hellsicht führen die Jahre,
in einer Klarheit verbracht, die die Welt
nicht verändert, doch lauscht

ihrem Leben, in untätigem Rausch…

(Toni und Sabina Kienlechner)

Hymnus ad nocturnum

Ho la calma di un morto:
guardo il letto che attende
le mie membra e lo specchio
che mi riflette assorto.

Non so vincere il gelo
dell'angoscia, piangendo,
come un tempo, nel cuore
della terra e del cielo.

Non so fingermi calme
o indifferenze o altre
giovanili prodezze,
serti di mirto o palme.

O immoto Dio che odio
fa che emani ancora
vita dalla mia vita
non m'importa più il modo.

(Aus: L'usignolo della chiesa cattolica, 1958)

Pier Paolo Pasolini

Hymnus ad nocturnum

Ich bin ruhig wie ein Toter:
schau' auf das Bett, das wartet
auf meine Glieder, und den Spiegel,
der mein Grübeln mir zeigt.

Ich kann nicht an gegen das Eis
meiner Angst, weinend
wie einst, im Herzen
von Erde und Himmel.

Kann nicht mir vorspiegeln Ruhe
oder Gleichmut oder andere
Jünglingstaten
geschmückt mit Myrte oder Palmen.

O regloser Gott, den ich hasse,
mach, daß noch Leben
hervorgeht aus meinem Leben,
wie auch immer es sei.

(Toni und Bettina Kienlechner)

Supplica a mia madre

È difficile dire con parole di figlio
ciò a cui nel cuore ben poco assomiglio.

Tu sei la sola al mondo che sa, del mio cuore,
ciò che è stato sempre, prima d'ogni altro amore.

Per questo devo dirti ciò ch'è orrendo conoscere:
è dentro la tua grazia che nasce la mia angoscia.

Sei insostituibile. Per questo è dannata
alla solitudine la vita che mi hai data.

E non voglio esser solo. Ho un'infinita fame
d'amore, dell'amore di corpi senza anima.

Perché l'anima è in te, sei tu, ma tu
sei mia madre e il tuo amore è la mia schiavitù:

ho passato l'infanzia schiavo di questo senso
alto, irrimediabile, di un impegno immenso.

Era l'unico modo per sentire la vita,
l'unica tinta, l'unica forma: ora è finita.

Sopravviviamo: ed è la confusione
di una vita rinata fuori dalla ragione.

Ti supplico, ah, ti supplico: non voler morire.
Sono qui, solo, con te, in un futuro aprile…

(Aus: Poesia in forma di rosa, 1964)

Bitte an meine Mutter

Schwer ist es, mit Sohnesworten zu sagen,
was mir, im Herzen, so wenig leicht.

Du bist die einzige in dieser Welt, die von meinem Herzen
weiß, wie es war, vor jeder anderen Liebe.

Deshalb muß ich dir sagen, was schlimm ist zu wissen:
daß meine Qual aus deiner Gnade entspringt.

Du bist unersetzbar, deshalb ist verurteilt
zum Alleinsein das Leben, das du mir geschenkt.

Und ich will nicht allein sein. Grenzenlos ist
mein Hunger nach Liebe, Liebe der Körper ohne Seele.

Denn die Seele ist in dir, meine Seele bist du,
doch du bist meine Mutter, und meine Knechtschaft ist deine Liebe:

Meine Kindheit habe ich geknechtet verbracht
in dieser unheilbaren, unermeßlichen hohen Verpflichtung.

Es war der einzige Weg, das Leben zu spüren,
die einzige Farbe, die einzige Form: nun ist es zu Ende.

Wir überleben: und es ist die Verwirrung
eines wiedergeborenen Lebens, fern seines Grundes.

Ich flehe dich an, ich flehe, wünsche dir nicht, zu sterben.
Hier bin ich, allein, bin mit dir, in einem künftigen Lenz…

(Toni und Sabine Kienlechner)

La man che trema

Per natura sono dentro la mischia
per età ne sono fuori –
l'ambigiutà è ribadita dal rapporto ambiguo
tra contiguità e similarità – grazie, vecchio Jakobson!
che non per nulla ti fondi oltre che su Poe, su Valéry –
mettiamoci un po' di oscurità, egli infatti diceva –
è quello che faccio quando sorrido come chi è fuori dalla mischia,
E VICEVERSA – ed è quello che faccio quando dicendo cose chiare
«ci metto dell'oscurità», e, naturalmente, VICEVERSA –
ma nessuno dimentica che come le fiabe
anche le strutture tendono a ripetersi, a non cambiare
e se una corrente letteraria è stata reazionaria
questa è stata il simbolismo, tuttavia…
l'exitation prolongée entre le sens et le son…
chi è fuori della mischia è, si capisce, un po' reazionario,
ma anche chi è dentro lo è; un po' reazionario è chi è chiaro,
con tutte le sue virgole, e chi aiuta la naturale ambiguità
creando apposta degli ostacoli. Perché non dirlo?

(Aus: Trasumanar e organizzar, 1971)

Die zitternde Hand

Von Natur aus bin ich inmitten des Getümmels
vom Alter her stehe ich außerhalb –
die Zweideutigkeit wird verstärkt durch die zweideutige Beziehung
zwischen Kontiguität und Similarität – danke, alter Jakobson!
nicht umsonst beruhst du, neben Poe, auch auf Valéry –
laßt uns ein wenig Dunkelheit hinzusetzen, so sagte er in der Tat –
es ist das, was ich tue, wenn ich lächle wie jemand, der nicht mitmischt,
UND UMGEKEHRT – und es ist auch das, was ich tue, wenn ich Klares sage
und »Dunkles hinzusetze«, und, natürlich, UMGEKEHRT –
doch keiner vergißt, daß, so wie Märchen
auch Strukturen zu Wiederholung tendieren, zu Nicht-Veränderung
und wenn es eine reaktionäre literarische Strömung gab,
so war das wohl, trotz allem, der Symbolismus…
l'exitation prolongée entre le sens et le son…
der Außenstehende, das versteht sich, ist ein wenig reaktionär,
doch auch wer mitmischt ist das, ein wenig reaktionär; wer klar ist
mit all seinen Kommas, und wer die natürliche Zweideutigkeit nährt,
indem er absichtlich Hindernisse schafft.
Warum sollte man es nicht aussprechen?

(Theresia Prammer)

Giovanni Giudici

L'educazione cattolica I

Nelle sole parole che ricordo
di mia madre – che «Dio
– diceva – è in cielo in terra
e in ogni luogo» – la gutturale gh

disinvolta intaccava il luò d'un l'uovo
contro il bordo d'un piatto
– serenamente dopo in cielo in terra
dal guscio separato in due metà

scodellava sul fondo il tuorlo intatto
– la madre sconosciuta parlava
religione entrava
nella mia tenera età.

(Aus: La vita in versi, 1965)

Giovanni Giudici

Die katholische Erziehung I

In den einzigen Worten meiner Mutter,
an die ich mich erinnere – daß »Gott
sagte sie – im Himmel auf Erden
und an jedem Ort ist« –, klebte das gutturale g

ungezwungen das »ei« eines Eis
an den Rand eines Tellers
– heiter goß sie danach im Himmel auf Erden
das intakte Gelb aus der in zwei Hälften

geteilten Schale auf den Grund
– die unbekannte Mutter sprach,
Religion trat ein
in mein zartes Alter.

(Helga Thalhofer)

Asilo

Voi come state – io
bene, non vedo l'ora di rivedervi.
Qui non è il manicomio ma dicono una casa di riposo
per i deboli di nervi.

È vero che non c'è il mare.
È vero che parlano diverso.
Forse è pero questo che sono sempre melanconico.

Ma sta zitta, cara mamma, che quasi mi ci sono abituato.
Tutte le sere giochiamo a tombola.
Il giorno giochiamo sul prato.

(Aus: O Beatrice, 1972)

Maestra di enigmi
Affermate che basta una parola
E quella sola che nessuno ha –
Lei che trasvola via dalla memoria
Lucciola albale e falena
E nera spina di pena
Brùscolo a un occhio di storia –
Venisse al mio parlare
Effeta e poi per sempre bocca muta
Al servo vostro stretto
Frugando sul sentiero
Dove non scende lume di pietà –
Se la felicità sia il nostro vero
O il nostro vero la felicità

(Aus: Salutz, 1986)

Heim

Wie geht es euch – mir geht es
gut, ich kann es nicht erwarten, euch wiederzusehen.
Dies ist keine Irrenanstalt, sondern, sagen sie, ein Kurheim
für Nervenschwache.

Es stimmt, daß hier kein Meer ist.
Es stimmt, daß sie anders sprechen.
Vielleicht deshalb bin ich immer melancholisch.

Doch sei ruhig, liebe Mama, denn ich habe mich fast daran gewöhnt.
Jeden Abend spielen wir Tombola.
Am Tag spielen wir auf der Wiese.

(Gabriele Kroes und Stefan Matuschek)

Meisterin der Rätsel
Ihr beteuert, daß ein Wort genügt,
Und dies allein das niemand hat –
Das aus der Erinnerung verfliegt,
Glühwurm im Morgenlicht und Nachtfalter
Und schwarzer Dorn der Qual,
Splitter in einem Auge der Geschichte –
Käme es auf meine Sprache
Effeta und dann für immer stumm
Zu eurem trauten Diener
Irrend auf dem Pfade,
Auf den kein Licht des Mitleids fällt –
Ist das Glück unsere Wahrheit
Oder unsere Wahrheit das Glück?

(Gabriele Kroes und Stefan Matuschek)

Non creder l'incredibile
Fu il solo sbaglio e peccato –
Graziosamente al vostro cielo e fiore
Quando pervenni – e il cuore, voi pensate
A come trasalisce
Bambino al caldo muschio e tana madre
Tenue sole d'un vostro rosa aurora –
Malandrino abutisce
Non credulo a un amore
Di schiuse valli e porte
Letto di bei sospiri e sparse chiome:
Io proprio? – domandando
E al di qua della morte? – e pronunziando
Il nome

(Aus: Salutz, 1986)

Das Unglaubliche nicht zu glauben
War die einzige Sünde, der einzige Irrtum –
Als ich zu eurem Himmel, eurer Blume
Liebenswürdig vorstieß – und das Herz, denkt nur
Wie es zusammenzuckt
Wie ein Kind in mütterlicher Höhle warmem Moos
Sanfte Sonne eures Morgenrosarots –
Spitzbübisch landet es
Ungläubig dann bei einer Liebe
Aus Tälern und Türen, halbgeöffnet
Bett süßer Seufzer, und gelöstes Haar:
Wirklich ich? – so hingefragt
Und diesseits des Todes? – und ausgesprochen
Den Namen

(Theresia Prammer)

Pier Luigi Bacchini

Preghiera sotta la quercia

La forza della luce e le dimensioni marine
nel tuo ondeggiamento,
e le configurazioni galattiche che ti trapassano
nelle serenità delle notti, come quelle spaziali dei divisibili atomi
col loro violento intrecciarsi:
e io tirerò fuori Dio. La sua ombra.
Ci sono esseri dappertutto di là dal nostro sapere,
non so a cosa servano
perché ci sono già le leggi della fisica, e nessuno li ha mai visti
ma esistono?
Quando uno sta morendo si sente chi attende.
Dietro la tenda. I trasportatori di anime che vagavano
tra la luna e la terra. Ma gli inganni sono molti
e le suggestioni.
            Bisogna inginocchiarsi nell'erba alta
quando tira il vento, così che l'erba superi la nostra testa,
e le vipere e gli orbettini scivolino
tra i nostri piedi, e allora
nell'energia contorta dei tuoi spaventevoli rami,
si ascolta la voce della scienza,
che ha il volto rupestre di Dio.

(Aus: Scritture vegetali, 1999)

Pier Luigi Bacchini

Gebet unter der Eiche

Die Kraft des Lichtes und die Meeresweiten
in deinem Wellengang,
die Konfigurationen der Sterne, die dich durchbohren
in der Heiterkeit der Raumnächte, der teilbaren Atome
mit ihren gewaltigen Verflechtungen:
und ich werde Gott hervorholen. Seinen Schatten.
Überall gibt es Wesen jenseits unseres Wissens,
deren Zweck ich nicht kenne,
denn die Gesetze der Physik gibt es ja schon, doch die da hat niemand
    je gesehen,
existieren sie überhaupt?
Wenn einer stirbt, spürt man, wen er erwartet.
Hinter dem Vorhang. Die Seelentransporteure, die zwischen Mond
und Erde umherirrten. Aber an Täuschungen mangelt es nicht
auch nicht an Suggestionen.
                        Man sollte niederknien im hohen Gras,
wenn der Wind weht, so daß das Gras unseren Kopf überragt,
und Vipern und Blindschleichen zwischen unseren Füßen
kriechen, dann hört man
in der verdrehten Energie deiner einschüchternden Äste
die Stimme der Wissenschaft,
sie trägt das felsige Angesicht Gottes.

(Ulrich Johannes Beil und Daniel Graziadei)

Il tuono

Così dovevano tremare ai passi delle marmoree legioni
i Celti, e la loro forza bionda era trapassata dal celeste
sguardo cesareo. Zinco al sole,
pieni di grigi gli occhi, più del loro cielo del Nord.

　　　　　　e anche quelli della Cisalpina
che marciavano rapidamente
ebbero le terre come i veterani, e le ossa
giacciono nella crosta terrestre; e sebbene
tanto antiche, sono contenute in strati superiori,
perché tra gli inferi strati giacciono ancora
ossa di fuggiaschi
e combattenti preistorici. Le loro gesta fossili
non hanno avuto voce. E gli orrendi barriti di Annibale
non poterono scontrarsi con Giulio
dal mantello rosso;
sarebbe stato un curioso spettacolo per i superni,
e gli scolari
chi dei due era il migliore. E come questa bufera scatenata
col suo formidabile tuono si è ritratta
lasciando nei prati
　　　　　　　piccoli fiori gialli

così gli antichi eserciti senza alcuno spreco
sono rientrati con gridi e lamenti, o in silenzio
e furtivi,
nel fondamentale ciclo, e tramutati in azoto e carbonio –
per distribuire il fantastico tempo
un poco per ciascuno.

(Aus: Contemplazioni meccaniche e pneumatiche, 2005)

Der Donner

So mussten sie zittern unter den Schritten der marmornen Legionen,
die Kelten, und ihre blonde Kraft war durchbohrt von Caesars
himmlisch-blauem Blick. Zink unter der Sonne,
voller Grautöne die Augen, grauer als ihr nördlicher Himmel.

                Und auch die diesseits der Alpen,
die im Eilschritt marschierten,
bekamen ihre Länder wie die Veteranen, und ihre Gebeine
ruhen in der Erdkruste; wenn auch
sehr alt, sind sie in den oberen Schichten bewahrt,
da in den untersten noch
die von Flüchtlingen ruhen
und prähistorischen Kriegern. Ihre versteinerten Taten
wurden nicht erhört. Und das schreckliche Trompeten von Hannibals
Elefanten brach nicht auf Julius
mit dem roten Mantel herein;
welch wundersames Spektakel wäre es für die Unsterblichen
und die Gelehrten gewesen,
wer der Bessere war von beiden. Und wie sich dieser rasende Sturm
mit seinem mächtigen Donner verzog
und kleine gelbe Blumen
                in den Wiesen zurückließ,

so kehrten die antiken Heere ohne jegliches Vergeuden
mit Schreien und Klagen, oder schweigsam
und verstohlen heim,
in den Urzyklus, verwandelt in Stick- und Kohlenstoff –,
um die phantastische Zeit zu verteilen
ein wenig für jeden.

(Ulrich Johannes Beil und Daniel Graziadei)

Elio Pagliarani

La ragazza Carla I, 3

Se si diventa grandi quando s'allungano
le notti, e brevi i giorni
               ecco ci sono dentro
sembra a Carla di credere, e sta attenta a non muoversi
ché il sonno di sua madre è così lieve nel divano accanto
– ma dormirà davvero, con Angelo e Nerina
che fanno cigolare il vecchio letto
                  della mamma!
e Carla ne commisura il ritmo al polso, intanto che sudore
e pelle d'oca e brividi di freddo e vampe di calore
spremono tutti gli umori del suo corpo. E quelle
grida brevi, quei respiri che sanno d'animale o riso nella strozza
ci vogliono
        all'amore?
            E Piero sul ponte, e la gente –
            tutta così?

S'addormenta che corre in una notte
che non promette alba
           sul ponte che sta fermo e lì rimane
                e Carla anche.

(Aus: La ragazza Carla e nuove poesie, 1964)

Elio Pagliarani

Das Mädchen Carla I, 3

Wenn man älter wird, da die Nächte länger
und die Tage kürzer werden
                jetzt bin ich drin,
so scheint Carla zu glauben, und gibt acht sich nicht zu rühren,
weil der Schlaf ihrer Mutter so leicht ist auf dem Sofa nebenan
– ob sie wohl wirklich schläft, wenn Angelo und Nerina
das alte Bett der Mutter
                quietschen lassen!
und Carla misst den Rhythmus mit ihrem Puls, während Schweiß
und Gänsehaut und Schüttelfrost und Hitzewellen
alle Säfte aus ihrem Körper herauspressen. Und jene
kurzen Schreie, jene Atemzüge wie von Tieren oder Reis in der Gurgel
braucht man sie
           für die Liebe?
                Und Piero auf der Brücke, und die Menschen –
                alle so?

Sie schläft ein, wie sie durch die Nacht rennt
die kein Morgengrauen verspricht
                auf der Brücke die still steht und dort bleibt
                und Carla auch.

(Daniel Graziadei)

La ragazza Carla II, 1

Carla Dondi fu Ambrogio di anni
diciassette primo impiego stenodattilo
all'ombra del Duomo

    Sollecitudine e amore, amore ci vuole al lavoro
    sia svelta, sorrida e impari le lingue
    le lingue qui dentro le lingue oggigiorno
    capisce dove si trova? TRANSOCEAN LIMITED
    qui tutto il mondo…
                è certo che sarà orgogliosa.

    Signorina, noi siamo abbonati
    alle Pulizie Generali, due volte
    la settimana, ma il Signor Praték è molto
    esigente – amore al lavoro è amore all'ambiente – così
    nello sgabuzzino lei trova la scopa e il piumino
    sarà sua prima cura la mattina.

    UFFICIO A UFFICIO B UFFICIO C

Perché non mangi? Adesso che lavori ne hai bisogno.
          adesso che lavori ne hai diritto
                  molto di più.

S'è lavata nel bagno e poi nel letto
s'è accarezzata tutta quella sera.
    Non le mancava niente, c'era tutta
    come la sera prima – pure con le mani e la bocca
    si cerca si tocca si strofina, ha una voglia
    di piangere di compatirsi
               ma senza fantasia
    come può immaginare di commuoversi?

    Tira il collo all'indietro ed ecco tutto.

(Aus: La ragazza Carla e nuove poesie, 1964)

Das Mädchen Carla II, 1

Carla Dondi ehemals Ambrogio siebzehn
Jahre erste Anstellung Stenotypistin
im Schatten des Domes

> Dienstbeflissenheit und Liebe, Liebe braucht es für die Arbeit,
> machen Sie schnell, lächeln Sie und lernen Sie Sprachen
> die Sprachen hier die Sprachen heutzutage
> ist Ihnen bewusst, wo Sie hier sind? TRANSOCEAN LIMITED
> hier alle Welt…
> > Sie werden sicherlich stolz sein.

> Fräulein, wir sind Abonnenten
> der Allgemeinen Reinigung, zweimal
> die Woche, aber der Herr Praték ist sehr
> anspruchsvoll – Liebe zur Arbeit ist Liebe zur Umwelt – also
> finden Sie im Abstellraum den Kehrbesen und den Staubwedel
> dies wird Ihre erste morgendliche Sorge sein.

> BÜRO A BÜRO B BÜRO C

Wieso ißt du nicht? Jetzt, wo du arbeitest, hast du's nötig.
> Jetzt, wo du arbeitest, hast du ein Recht darauf
> > noch viel mehr.

Sie hat sich im Bad gewaschen und dann im Bett
den ganzen Abend lang gestreichelt.
> Ihr fehlte nichts. Sie war ganz da
> wie am Abend davor – selbst mit den Händen und dem Mund
> sucht sie sich, berührt sich, reibt sich, hat Lust
> zu weinen, sich zu bemitleiden
> > aber ohne Phantasie
> wie soll das gehen mit der Rührung?

> Hals nach hinten und das wär's.

(Daniel Graziadei)

Rudi e Aldo l'estate del '49

Rudi e Aldo l'estate del '49 fecero lo stesso mestiere l'animatore
di balli sull'Adriatico, Aldo in un Grand Hotel rifatto a mezzo e già
    sull'orlo
del fallimento, che fallì in agosto sul più bello, lui forse non sa nemmeno
    ballare
aveva successo il locale di fronte al suo, Miramare.
                           Rudi su un'altra spiaggia popolare
dà inizio alla ballata.
                È bello? Può essere bello in Romagna chi bacia la mano
l'anno dopo del '48, attacca bottone con gli ambulanti di bomboloni e
gli intellettuali indigeni meno indigenti, non lascia
senza sorriso carezza o pacca ogni ragazza per strada
conforme ai gusti di quella? È bello
come un uomo sobrio, di modo che quando per la Festa dei pazzi
    si traveste da donna
non lo prendono per pederasta ma lo sfottono con più gusto.
È servizievole: porta pacchetti a tutte le capitane, ci gioca coi
    loro bimbi
approva i primi discorsi di Borsa dei padri. Ama
con tatto organizza «Una notte a Capri» le figlie del macellaio
vennero con quattro corvi. Care ragazze, me le ricordo nel '46
chiedersi al Teatro del Popolo se Emanuele Kant
era più Cristo di Cristo.
                Il miliardario polveriere
grugnisce di piacere, Aldo applaude sapendo
                        che non gli tocca niente.

(Aus: La ballata di Rudi, 1995)

Rudi und Aldo im Sommer 49

Rudi und Aldo arbeiteten im Sommer 49 beide als Animateure
für Tanzvergnügen an der Adria, Aldo in einem Grandhotel halb umgebaut
   und schon fast
bankrott, und die Pleite folgte im August, wenn's am Schönsten ist, vielleicht
   kann er nicht einmal tanzen,
was gut lief, war das Lokal gegenüber, das Miramare.
                        Rudi eröffnet auf einem anderen beliebten
Strand den Tanz.
            Ist er schön? Gilt in der Romagna als schön, wer die Hand küßt
im Jahr nach 48, wer mit den Krapfen-Verkäufern und den besser situierten
einheimischen Intellektuellen plaudert, wer kein Mädchen
auf der Straße ausläßt ohne Lächeln Liebkosung oder Klaps, was immer
sie will? Er ist schön
wie ein anständiger Mann, der, für das Fest der Irren als Frau verkleidet
genüsslichst verspottet wird, doch nicht als Tunte.
Er ist dienstbeflissen: Er bringt Päckchen an alle Kapitäninnen, spielt mit
   ihren Kindern,
stimmt den ersten Börsengesprächen der Väter zu. Er ist taktvoll
in der Liebe, organisiert »Eine Nacht auf Capri«, die Töchter des Metzgers
kamen mit vier Raben. Liebe Mädchen, ich erinnere mich an sie 46,
wie sie sich im Volkstheater fragten, ob Immanuel Kant
mehr Christus sei als Christus.
                 Der Pulverfaß-Milliardär
grunzt vor Lust, Aldo applaudiert wohl wissend,
                       daß er nichts abbekommt.

(Daniel Graziadei)

Giancarlo Majorino

Sit-in

Ma c'era qualcuno, in quella folla di giovani
vibratili e prefiguranti la nuova brughiera,
così usciti dall'ossessione d'eros, belle e belli,
uniti nel volere e nel recitare la Rivoluzione, c'era,
è triste scriverlo, c'era qualcuno, io,
che sbirciava coscie seni labbra, pare incredibile.

(Aus: Equilibrio in pezzi, 1971)

c'è una prigione degli attimi
nel vasto cullata
di un tempo senza orizzonte

la voce detta o stampata
suona da lontananze
come altoparlante

la legge ora è data
dalla scoscesa del trascorrere
e insieme dal suo trascinarsi pian piano

(Aus: La solitudine e gli altri, 1990)

Giancarlo Majorino

Sit-in

Da war einer in jener Ansammlung von tönenden
Jugendlichen, die das neue Heideland verhießen,
Schöne und Schöne, so weit ab von der Obsession des Eros,
vereint darin, die Revolution zu wollen und aufzuführen, einer,
traurig, es zu schreiben, einer war da, ich,
der spähte Schenkel Brüste Lippen, unglaublich.

(Daniel Graziadei)

Es ist ein Gefängnis der Augenblicke
im Weiten gewiegt
von einer Zeit ohne Horizont,

das gesprochene oder gedruckte Wort
klingt aus den Fernen
wie ein Lautsprecher,

gegeben ist nun das Gesetz
durch den steilen Hang des Vergehens
und zusammen durch das langsame Sichfortschleppen.

(Daniel Graziadei)

Franco Loi

Vöna quaj nòcc d'assogn, de la pecolla,
'na nott ch'i gclusij sbarlöggen,
i scrann te spèccen al rèf del dessedât,
'na nòcc che sogn, penser, te fan la guèra,
e spíen, te se revòlten, t'impedíssen
de vèss de chí, de là, in due tâs,
'na nòcc de níul, bassa de pagüra,
me piasaría vedèll, parlàgh, stréngel cuj man,
medàn quj fjö al mör de la candira
sculdâss al lümesítt smíngul del ciar;
vardàl, me piasaríss, i urègg scultà
quèla sua vûs, quèl sò fantastegà...
Ma Diu, che ögg nel scür! Medan d'un püres,
quaj spesseghín, un fiâ, fím, Diu, vardà...
In scòss la vita, i scagg, müt... 'Na vampada.
El temp, la tèra, i vîv, fan spaventà.

(Aus: I cart, 1973)

La nêv denter la nêv l'era 'na nêv
che l'era la matina e quel legriâss
di vûs, amur, passà d'üsèj nel ciel,
del mai fení di giögh nel smeresciàss
la nêv sura di tècc, sura di àrbur
la nêv süj fil del tram, e l'imbiancàss
di òmm che passa, di tusann, i dònn,
j umbrèj che par se dunden sura un mar,
el bianch de nêv, i culur vív di gònn,
i fjö pulver de nêv sura del mar...
Mia nêv de via Teodosio, nêv de via Wildt
due in fund se pèrd el trenu e mí me par
che mai quel bianch del sû se desfarà.

(Aus: El Vent, 2000)

Franco Loi

Eine Nacht wie so viele, schlaflos und ruhelos,
eine Nacht, in der die Jalousien Blicke filtern,
die Stühle ausharren am seidenen Faden des Erwachens,
eine Nacht, in der du Träume hast, Gedanken dir den Krieg erklären,
und heftig dir entgegentreten, dir verwehren,
hier zu sein, dort zu sein, wo Stille herrscht,
eine Wolkennacht, flach vor Schrecken,
gern möchte ich ihn sehen, mit ihm sprechen, ihn berühren,
mich, wie diese Kinder beim Verglühen der Kerze,
wärmen am dünnen Lämpchen der Helligkeit:
ihn sehen möchte ich, ihm mit den Ohren lauschen,
seiner Stimme, seinem Phantasieren…
Aber Gott, was für Augen im Dunkel! Wie ein Floh,
nur ein kleinwenig, einen Atemzug lang, laß mich schauen…
Im Schoß des Lebens das lautlose Beben… Ein Züngeln.
Die Zeit, die Erde, alles was lebt macht mir angst.

(Theresia Prammer)

Der Schnee im Schnee war ein Schnee,
der ein Morgen war, und dieses Frohlocken
der Stimmen und Lieben, das Flitzen der Vögel im Himmel,
die nie endenden Spiele in der aufgehenden Sonne,
der Schnee auf den Dächern, den Bäumen,
der Schnee auf den Straßenbahndrähten, das Weißwerden
der Passanten, der Mädchen und Frauen,
die Schirme, die schaukeln wie über dem Meer,
das Weiß des Schnees, die lebendigen Farben der Röcke,
die Kinder wie Schneestaub über dem Meer…
Mein Schnee auf der Via Teodosio, Schnee auf der Via Wildt,
wo ganz am Ende der Zug sich verliert und mir scheint,
daß dieses Weiß der Sonne niemals schmilzt.

(Theresia Prammer)

Amelia Rosselli

Contiamo infiniti morti! la danza è quasi finita! la morte,
lo scoppio, la rondinella che giace ferita al suolo, la malattia,
e il disagio, la povertà e il demonio sono le mie cassette
dinamitarde. Tarda arrivavo alla pietà – tarda giacevo fra
dei conti in tasca disturbati dalla pace che non si offriva.
Vicino alla morte il suolo rendeva ai collezionisti il prezzo
della gloria. Tardi giaceva al suolo che rendeva il suo sangue
imbevuto di lacrime la pace. Cristo seduto al suolo su delle
gambe inclinate giaceva anche nel sangue quando Maria lo
travagliò.

Nata a Parigi travagliata nell'epopea della nostra generazione
fallace. Giaciuta in America fra i ricchi campi dei possidenti
e dello Stato statale. Vissuta in Italia, paese barbaro.
Scappata dall'Inghilterra paese di sofisticati. Speranzosa
nell'Ovest ove niente per ora cresce.

Il caffè-bambù era la notte.

La congenitale tendenza al bene si risvegliava.

(Aus: Variazioni belliche, 1964)

Amelia Rosselli

Unzählige Tote zählen wir! der Tanz ist fast zu Ende! der Tod,
der Schlag, die kleine verwundete Schwalbe am Boden, die Krankheit
und das Unbehagen, die Armut und der Teufel sind meine Spreng-
körper. Spät kam ich zum Erbarmen – spät lag ich zwischen
Rechnungen in der Tasche gestört vom Frieden, der sich nicht anbot.
Dem Tod nah gab der Boden den Sammlern den Preis
des Ruhmes zurück. Spät lag am Boden der Friede, der sein von Tränen
    getränktes Blut
zurückgab. Christus lag auf geknickten
Beinen auf dem Boden auch im Blut, als Maria ihn
in Wehen gebar.

Geboren in Paris, gebeutelt von der Epopöe unserer irrigen
Generation. Gelegen in Amerika auf den reichen Feldern der Besitzenden
und des staatlichen Staates. Gelebt in Italien, barbarisches Land.
Geflohen aus England, Land der Feinsinnigen. Hoffnungsvoll
im Osten, wo bis jetzt nichts wächst.

Bambus-Café war die Nacht.

Die kongentiale Neigung zum Guten wachte auf.

(Lea Ritter-Santini)

Nel tappeto di Balzabar era la rinascita. Nell'ombra
dei cipressi che sovrastavano riconoscevo l'alfabeto.
L'assurdo si risolveva con quattro cannonate d'inferno
la mia aspettativa era la vostra! Conducevo una vita
piena di stenti – la castità m'obbligava a frullare
di tra le poetiche vetra delle case di cura, sale
d'ammobigliamento, vetrine di Picasso – insomma l'arte
intiera si rivolgeva ai miei occhi sbarrati per la
stupidità.

Crescevo a stenti: un giorno perso era la cura delle
mie fanciullaggini. Cercavo l'infinito: trovavo la
pietra di Topazio di tra i graniti del Tibet.

(Aus: Variazioni belliche, 1964)

o mio fiato che corri lungo le sponde
dove l'infinito mare congiunge braccio di terra
a concava marina, guarda la triste penisola
anelare: guarda il moto del cuore
farsi tufo, e le pietre spuntate
sfinirsi
al flutto.

(Aus: Variazioni belliche, 1964)

Im Teppich von Balzabar war die Wiedergeburt. Im Schatten
überragender Zypressen erkannte ich das Alphabet.
Das Absurde löste sich mit ein paar höllischen Kanonenschüssen
meine Erwartung war die Eure! Ich führte ein Leben
voller Mühsal – die Keuschheit zwang mich zu wirbeln
zwischen den poetischen Glasscheiben der Kliniken, Einrichtungs-
sälen, Picasso-Vitrinen – also die ganze
Kunst wandte sich gegen meine vom Stumpfsinn aufgesperrten
Augen.

Ich wuchs mühselig: ein verlorener Tag war die Sorge
um meine Kindereien. Ich suchte das Unendliche: fand den
Topasstein zwischen tibetanischem Granit.

(Lea Ritter-Santini)

mein Atem, der du die Ufer entlangstreifst,
wo der unendliche Ozean Landzunge und
Meerbusen eint, schau wie die traurige Halbinsel
schmachtet: schau wie die Regung des Herzens
zu Tuffstein wird, und wie die stumpfenden Steine
in den Fluten
verbluten.

(Theresia Prammer)

Ho venti giorni
per fare una rivoluzione: ho
altri venti giorni dopo la rivoluzione
per conoscermi
mio piccolo diario sentenzioso.

Tana per
le fresche menti
le parole,
un pugno
chiuso che le garantisce
la mia più imbattibile ragione d'essere.

Il nemico le strappa le vesti
la felicità è un micro-organismo nell'interno
dell'infelicità

nel cimitero
non sa smettere di essere felice.

(Aus: Documento, 1976)

Mir bleiben zwanzig Tage,
um eine Revolution anzufachen: mir bleiben
weitere zwanzig Tage nach der Revolution,
um meine Bekanntschaft zu machen,
mein kleines Tagebuch voller Sentenzen.

Höhle für
die Lebensgeister
die Wörter,
eine geballte
Faust, die für meinen
unschlagbarsten Daseinsgrund einsteht.

Der Feind reißt ihr die Kleider fort,
das Glück ist ein Mikro-Organismus im Innern
des Unglücks

auf dem Friedhof
kann sie nicht aufhören, glücklich zu sein.

(Theresia Prammer)

Edoardo Sanguineti

al funzionario doganale in minigonna, che mi ha prescelto, con i suoi occhi di sibilla
e di colomba, dentro una fila interminabile di viaggiatori in transito, ho detto
tutta la verità, confinato in un separé-confessionale di legno
compensato:
       ho detto che ho un figlio che studia il russo e il tedesco:
che *Bonjour les amis*, corso di lingua francese in 4 volumi, era
per mia moglie:
       ero pronto a concedere di più: sapevo che fu Rosa Luxemburg
a lanciare la parola d'ordine «socialismo o barbarie»: e potevo
ricavarne un madrigale strepitoso:
       ma sudavo, frugandomi le tasche,
cercando invano il conto dell'Operncafé: e poi, hai fatto irruzione
tu, trascinandoti dietro anche i bambini, meravigliosi e meravigliati:
(ti scacciavamo con gli stessi gesti duri, io e quella mia beatrice
democratica in divisa):
       ma l'irreparabile era già consumato, lì
alla frontiera tra le due Berlino, per me: quarantenne sedotto da un poliziotto:

(Aus: Wirrwarr, 1972)

Edoardo Sanguineti

Dem Zollbeamten im Minirock, der mich auserkoren hat, mit seinen Sybillen-, seinen
Taubenaugen, aus einer endlosen Reihe von Transit-Reisenden, habe ich
die ganze Wahrheit gesagt, in ein Beicht-Séparée aus Sperrholz verbannt:
>   ich habe ihm gesagt, daß ich einen Sohn habe, der Russisch und
>   Deutsch studiert:
daß *Bonjour les amis*, der vierbändige Französischkurs, für meine Frau
gedacht war:
>   ich war bereit, noch mehr preiszugeben: ich wußte, daß es Rosa
>   Luxemburg war,
die das Schlagwort »Sozialismus und Barbarei« lanciert hat: und konnte
    daraus
ein umwerfendes Madrigal zimmern:
>   aber ich schwitzte, kramte in meinen Taschen,
suchte umsonst nach der Rechnung des Operncafés: und dann, dann bist du
hereingeplatzt, die Kinder im Schlepptau, verwundert und wunderbar:
(wir vergraulten dich mit gleicher, unbarmherziger Gebärde, ich und diese
meine demokratische Beatrice in Uniform):
>   aber das Unumkehrbare war schon vollzogen, dort,
an der Grenze zwischen den beiden Berlins, an mir: Vierzig Jahre und
    verführt von einem Polizisten:

(Theresia Prammer)

sono più slavo di Tadeusz, se è vero che gli italiani sono slavi, e se gli slavi sono
quelli che si accarezzano con le parole, dicendo: wie geht es dir? (e altre frasi
    così
di contatto: che sono le carezze, appunto):
                        io ho accarezzato il polacco Tadeusz Rózewicz,
una notte, in casa di Adriaan, scrivendogli un biglietto
    che diceva, precisamente:
wie geht es dir? (e sorridendogli di lontano: e facendogli ciao, con la mano):
(perché non beveva da oltre un anno: e perché in un anno, ormai, in media,
    compone
due, tre poesie, soltanto):
                    (ma leggerò i suoi vecchi versi, è un patto
stipulato tra di noi: per dichiarargli, poi, se sono versi slavi, polacchi,
    malati):

(oggi, fiuto nei tedeschi altrettanti spagnoli: gente buona per le corride,
per gli olè: e per la lotta dei galli – e per la Literaturwissenschaft):

(come Archibaldo de la Cruz, sogno delitti che non so commettere:
un fragile erotomane platonico, inibito pornografo: un poeta):

(Aus: Wirrwarr, 1972)

Ich bin slawischer als Tadeusz, wenn es stimmt, daß die Italiener slawisch sind, und
    die Slawen die sind,
die zueinander mit worten zärtlich sind und sagen: comment-vas-tu? (und
    andere, ähnliche sätze,
um kontakt aufzunehmen: genau das sind die zärtlichkeiten):
                ich selber war eines nachts zärtlich zu dem polen
Tadeusz Rózewicz, im hause von Adriaan, schrieb ihm ein kärtchen auf dem
    ganz genau stand:
comment-vas-tu? (und ich lächelte ihm von weitem zu: und winkte ihm mit
    der hand einen gruß):
(weil er nicht mehr trank seit über einem jahr: und weil er in einem jahr, jetzt,
    im durchschnitt, nur
zwei oder drei gedichte schreibt):
                (ich aber werde seine alten gedichte lesen,
    das ist ein pakt,
den wir untereinander geschlossen haben: um ihm danach eine erklärung
    abzugeben, ob es slawische, polnische, kranke gedichte sind):

(heute spür ich in jedem deutschen einen spanier: leute, die gut für den
    stierkampf sind,
für das olé: und für die hahnenkämpfe – und für die *Literaturwissenschaft*):

(wie Archibaldo de la Cruz träume ich von verbrechen, die ich nicht begehen
    kann:
ein zerbrechlicher, platonischer erotomane, gehemmter pornograph: ein
    dichter):

(Gerald Bisinger)

mi dici che Anna dice che mi brillano gli occhi, quando si mormora che tu
sei incinta:
> (e che il dottor Tafuri, dopo la prova di gravidanza di aprile, negativa,
mi ha sentito profondamente infelice, al telefono):
>> io mi dichiaro fatalista,
invece (e faccio l'impassibile, lo sai bene): (e faccio l'impossibile,
per questo):
> ma è tutto perché mi corro dietro, io, in realtà, risibile, affannandomi
a inseguirmi: e insomma, è perché non mi merito me: (non ti merito te,
> Luciana):

(Aus: Postkarten, 1978)

che dolore l'amore!
> ho visto un sacco di tipi ridursi come mosche
d'inverno, come flaconi crepati, come gomme da masticare masticate:
>> e io
(io che ho gridato, una volta : questa volta, non mi freghi più), che mi sono
strappato mani e piedi (nemmeno fossero stati guanti e ciabatte, guarda),
sono disposto a sputarti la mia lingua, ancora,
>> a gentile richiesta:

(Aus: Postkarten, 1978)

Du sagst mir, daß Anna sagt, meine Augen würden leuchten, wenn man munkelt, du
seist schwanger:
> und daß Doktor Tafuri, nach dem letzten Schwangerschaftstest
> im April, der negativ war,
mich als zutiefst unglücklich empfunden hat, am Telefon):
> > > ich hingegen bin erklärter Fatalist,
(und markiere den Unerschütterlichen, du weißt es wohl): (und tue das
> Unmögliche,
eben deswegen):
> > aber das alles, weil in Wirklichkeit ich mir selbst hinterherlaufe,
> > > lächerlich, mich abmühe,
mir nachzulaufen: und kurzum, weil ich mich nicht verdiene: (weil ich dich
> nicht verdiene, dich, Luciana):

(Barbara Kleiner)

Welcher Schmerz, die Liebe!
> > ich habe eine Menge Kerle eingehen sehen wie Fliegen
im Winter, wie gesprungene Flakons, wie aufgekaute Kaugummis:
> > > > und ich
(ich, der ich einmal geschrien habe: diesmal kriegst du mich nicht mehr dran),
> der ich mir
Hände und Füße ausgerissen hab (als ob es Schuh und Handschuh wären,
> einfach so)
bin bereit, dir mein Innerstes auszuspucken, immer noch,
> > > > bei freundlicher Nachfrage:

(Barbara Kleiner)

Alda Merini

Al cancello si aggrumano le vittime
volti nudi e perfetti
chiusi nell'ignoranza,
paradossali mani
avvinghiate ad un ferro,
e fuori il treno che passa
assolato leggero,
uno schianto di luce propria
sopra il mio margine offeso.

(Aus: La terra santa, 1984)

I fogli bianchi sono la dismisura dell'anima
e io su questo sapore agrodolce
vorrò un giorno morire,
perché il foglio bianco è violento.

Violento come una bandiera,
una voragine di fuoco,
e così io mi compongo
lettera su lettera all'infinito
affinché uno mi legga
ma nessuno impari nulla
perché la vita è sorso, e sorso
di vita i fogli bianchi
dismisura dell'anima.

(Aus: Fogli bianchi, 1987)

Alda Merini

Am Gittertor verklumpen sich die Opfer,
Gesichter nackt und vollkommen,
verschlossen in der Unwissenheit,
widersinnige Hände
an ein Eisen geklammert,
und draußen fährt der Zug vorbei
sonnig und leicht,
ein Knall aus eigenem Licht
über meine gekränkte Grenze.

(Daniel Graziadei)

Die weißen Blätter sind das Übermaß der Seele
und auf diesem bittersüßen Geschmack
werde ich eines Tages sterben wollen,
weil das weiße Blatt grausam ist.

Grausam wie eine Fahne,
ein Schlund aus Feuer,
und so schreibe ich mich
Buchstabe für Buchstabe ins Unendliche,
auf daß einer mich lese,
aber keiner etwas lerne,
denn das Leben ist ein Schluck, und ein Schluck
Leben sind die weißen Blätter
Übermaß der Seele.

(Daniel Graziadei)

Canto delle donne

Io canto le Donne prevaricate dai bruti
la loro sana bellezza, la loro ›non follia‹
il canto di Giulia io canto riversa su un letto
la cantilena dei Salmi, dell'anime ›mangiate‹
il canto di Giulia aperto portava catene pesanti
la folgore di un codice umano disapprovato da Dio.
Canto quei pugni orrendi dati su bianchi cristalli
il livido delle cosce, pugni in età adolescente
la pudicizia del grembo nudato per bramosia.
Canto la stalla ignuda entro cui è nato il ›delitto‹
la sfera di cristallo per una bocca ›magata‹.
Canto il seno di Bianca ormai reso vizzo dall'uomo
canto le sue gambe esigue divaricate sul letto
simile a un corpo d'uomo era il suo corpo salino
ma gravido di amore come in qualsiasi donna.
Canto Vita Bello che veniva aggredita dai bruti
buttata su un letticciolo, battuta con ferri pesanti
e tempeste d'insulti, io canto la sua non stagione
di donna vissuta all'ombra di questo grande sinistro
la sua patita misura, il caldo del suo grembo schiuso
canto la sua deflorazione su un letto di psichiatria,
canto il giovane imberbe che mi voleva salvare.
Canto i pungoli rostri di quegli spettrali infermieri
dove la mano dell'uomo fatta villosa e canina
sfiorava impunita le gote di delicate fanciulle
e le velate grazie toccate da mani villane.
Canto l'assurda violenza dell'ospedale del mare
dove la psichiatria giaceva in ceppi battuti
di tribunali di sogno, di tribunali sospetti.
Canto il sinistro ordine che ci imbrigliava la lingua
e un faro di marina che non conduceva ad un porto.
Canto il letto aderente che aveva lenzuola di garza
e il simbolo-dottore perennemente offeso
e il naso camuso e violento degli infermieri bastardi.
Canto la malagrazia del vento traverso una sbarra

Gesang der Frauen

Ich singe von den von Bestien überwältigten Frauen,
von ihrer gesunden Schönheit, ihrem ›Nicht-Wahnsinn‹,
den Gesang von Giulia singe ich, auf ein Bett gestreckt,
die Litanei der Psalmen, der ›aufgegessenen‹ Seelen,
der Gesang von Giulia eröffnet trug schwere Ketten,
Blitz eines von Gott mißbilligten Menschengesetzes.
Ich singe von entsetzlichen Faustschlägen auf weißen Kristall,
Blutergüssen auf Schenkeln, Faustschläge in jugendlichem Alter,
von Keuschheit des Schoßes, aus Begierde entblößt.
Ich singe von dem kahlen Stall, in dem das ›Verbrechen‹ begann,
von der Kristallkugel für einen ›verhexten‹ Mund.
Ich singe von Biancas Busen, den der Mann schon zum Welken gebracht,
ich singe von ihren auf dem Bett gespreizten dünnen Beinen,
einem Männerkörper ähnlich war ihr salziger Körper,
aber erfüllt von Liebe wie bei jeder Frau.
Ich singe von Vita Bello, die die Bestien ergriffen,
auf eine Pritsche warfen, mit schweren Eisen schlugen
und wüst beschimpften, ich singe von ihrer Unzeit
als Frau, die im Schatten dieses großen Unglücks gelebt,
vom Maß ihres Leids, der Wärme ihres geöffneten Schoßes,
ich singe von ihrer Defloration auf einem Psychiatriebett,
ich singe von dem bartlosen Jüngling, der mich retten wollte.
Ich singe von den Rammspornen jener gespenstischen Pfleger,
wo die Hand des Mannes haarig und hündisch
straflos die Wangen zarter Mädchen streifte,
und von den verhüllten Reizen, von rohen Händen berührt.
Ich singe von der absurden Gewalt in der Klinik am Meer,
wo die Psychiatrie in Fesseln lag, geschmiedet
von Traumgerichten, verdächtigen Gerichten.
Ich singe von der finsteren Ordnung, die unsere Zungen im Zaum hielt,
und von einem Leuchtturm, der in keinen Hafen führte.
Ich singe von dem engen Bett, das Laken aus Gaze hatte,
und von dem ewig beleidigten Arzt-Symbol
und der platten, gewalttätigen Nase der gemeinen Pfleger.
Ich singe von der Grobheit des Windes durch ein Gitter,

canto la mia dimensione di donna strappata al suo unico amore
che impazzisce su un letto di verde fogliame di ortiche
canto la soluzione del tutto traverso un'unica strada
io canto il miserere di una straziante avventura
dove la mano scudiscio cercava gli inguini dolci.
Io canto l'impudicizia di quegli uomini rotti
alla lussuria del vento che violentava le donne.
Io canto i mille coltelli sul grembo di Vita Bello
calati da oscuri tendoni alla mercè di Caino
e canto di mio dolore d'esser fuggita al dolore
per la menzogna di vita
per via della poesia.

(Aus: Testamento, 1988)

ich singe von meiner Lage als Frau, die ihrer einzigen Liebe entrissen
wahnsinnig wird auf einem Bett aus grünen Brennesselblättern,
ich singe von der Lösung des Ganzen auf einem einzigen Weg,
ich singe das Miserere eines erschütternden Abenteuers,
bei dem die Peitschenhand die zarten Lenden suchte.
Ich singe von der Schamlosigkeit jener Männer, verdorben
durch die Unzucht des Windes, der die Frauen vergewaltigte.
Ich singe von den tausend Messern, aus dunklen Vorhängen
gesenkt auf Vita Bellos Schoß, Kains Willkür ausgeliefert,
und ich singe von meinem Schmerz, dem Schmerz entronnen zu sein
durch die Lebenslüge,
auf dem Weg der Poesie.

(Maja Pflug)

Giovanni Raboni

Una volta

Di gente ricca solo
coi bachi e le filande credo
non ci sia più nessuno: ma una volta
nel Comasco o a Bergamo, da dove
viene la mia famiglia,
molte fortune si contavano a gelsi
e con quante ragazze venivano a filare
i bozzoli scottati per ammazzare le farfalle
nelle fredde officine. Se penso
a chi è la gente ricca adesso, a cosa
gli costa il capitale,
mi convinco che tutto si complica, anche il male.
Una volta le colpe dei padroni
erano così semplici! Il padrone
d'oggi, consiglio d'amministrazione
o gruppo di maggioranza, è un peccatore
un po' troppo sui generis per me…

(Aus: Le case della vetra, 1966)

La Guerra

Ho gli anni di mio padre – ho le sue mani,
quasi: le dita specialmente, le unghie,
curve e un po' spesse, lunate (ma le mie
senza il marrone della nicotina)
quando, gualcito e impeccabile, viaggiava
su mitragliati treni e corriere
portando a noi tranquilli villeggianti
fuori tiro e stagione

Giovanni Raboni

Einst

Heute wird niemand mehr reich,
glaub ich, nur mit Seidenkokons und Spinnereien,
einst wurde in der Gegend
zwischen Como und Bergamo,
wo meine Familie herkommt,
manch ein Vermögen gemessen an Maulbeerbäumen
und Mädchen die Seide spannen,
aus den gebrühten Kokons drin der Schmetterling starb
in den kalten Fabriken. Denke ich an
Reiche von heute, und was sie
das Kapital kostet,
find ich das alles undurchschaubar, auch das Böse.
Einst war die Schuld der *padroni*
so klar und einfach! Der *padrone*
von heute, Aufsichtsrat oder
Aktienmehrheit, ist ein Sünder
allzu eigener Art…

(Christine Wolter)

Der Krieg

Bin so alt wie mein Vater – hab seine Hände
so ziemlich, die Finger besonders, die gebogenen
dicken Nägel mit Monden – (aber meine ohne
das Nikotinbraun) – als er
mit Bahn und Bussen unter Beschuß zu uns reiste,
zerknittert, aber tadellos und uns
in eine friedliche Sommerfrische
fern von Gefahren und Jahreszeiten

nella sua bella borsa leggera
le strane provviste di quegli anni, formaggio fuso, marmellata
senza zucchero, pane senza lievito,
immagini della città oscura, della città sbranata
così dolci, ricordo, al nostro cuore.
Guardavamo ai suoi anni con spavento.
Dal sotto in su, dal basso della mia
secondogenitura, per le sue coronarie
mormoravo ogni tanto una preghiera.
Adesso, dopo tanto
che lui è entrato nel niente e gli divento
giorno dopo giorno fratello, fra non molto
fratello più grande, più sapiente, vorrei tanto sapere
se anche i miei figli, qualche volta, pregano per me.
Ma subito, contraddicendomi, mi dico
che no, che ci mancherebbe altro, che nessuno
meno di me ha viaggiato fra me e loro,
che quello che gli ho dato, che mangiare
era? non c'era cibo nel mio andarmene
come un ladro e tornare a mani vuote…
Una povera guerra, piana e vile,
mi dico, la mia, così povera
d'ostinazione, d'obbedienza. E prego
che lascino perdere, che non per me
gli venga voglia di pregare.

(Aus: A tanto caro sangue, 1988)

in seiner schönen leichten Tasche
die seltsamen Vorräte jener Zeit mitbrachte, Schmelzkäse
Marmelade ohne Zucker, Brot ohne Hefe,
Bilder von der dunklen, der zermalmten Stadt,
die wir in unserem Herzen trugen, das weiß ich noch.
Wir blickten mit Schrecken auf sein Alter,
von unten herauf, aus der Tiefe meiner
Zweitgeburt, flüsterte ich manchmal
ein Gebet für sein Herz.
Jetzt, nach so langer Zeit,
seit er ins Nichts ging und ich täglich mehr
ihm Bruder werde, und bald der ältere Bruder,
der mehr weiß, würde ich gern wissen,
ob auch meine Kinder manchmal für mich beten.
Aber sofort widersprech ich mir selbst,
bloß nicht, sag ich, das fehlte noch, wann
fuhr ich zu ihnen, was gab ich,
ihnen, was brachte ich mit, nichts
Nahrhaftes war in meinem Weggehen
wie ein Dieb, in meinem Kommen mit leeren Händen…
Ein ärmlicher Krieg, flach und feige, sage ich mir,
war der meine, so arm an
Ausdauer, Gehorsam. Ich bete,
daß sie es lassen, daß ihnen nicht einfalle
für mich zu beten.

(Christine Wolter)

Tanto difficile da immaginare,
davvero, il paradiso? Ma se basta
chiudere gli occhi per vederlo, sta
lì dietro, dietro le palpebre, pare

che aspetti noi, noi e nessun altro, festa
mattutina, gloria crepuscolare
sulla città invulnerata, sul mare
di prima della diaspora – e si desta

allora, non la senti? una lontana
voce, lontana e più vicina come
se non l'orecchio ne vibrasse ma

un altro labirinto, una membrana
segreta, tesa nel buio a metà
fra il niente e il cuore, fra il silenzio e il nome…

(Aus: Quare Tristis, 1998)

Wirklich so schwer vorzustellen das
Paradies? Dabei genügt es schon, die Augen
zu schließen, um es zu sehen –
es ist da, hinter den Lidern, dahinter, was

uns erwartet, so scheint's, uns allein,
das Meer und die Stadt, heil und ganz
vor der Diaspora, sie liegen im Glanz
aus Dämmer und festlichem Morgenschein

und da, sehr fern – doch du kannst sie erkennen,
und näher jetzt, eine Stimme, sie dringt
nicht in die Ohren, aber es schwingt

ein anderes Labyrinth, eine geheime Membran vibriert,
die sich im Dunkel spannt und verliert
zwischen dem Nichts und dem Herzen, der Stille und dem Namen...

(Christine Wolter)

Antonio Porta

Dialogo con Herz

«Fui preso dal terrore divenendo lepre
e accettare, poi, entrò nelle abitudini.»
«Fosse vero potrei uccidermi.» «Quale è
il destino delle lepri?» «La morte semplice.»
«Mi possedeva una paura rivoltante, squittivo,
di notte, e brucavo le foglie, di cavolo
e di tabacco. D'inverno consumai le riserve.»

«Non voglio divenire lepre, ma uccello
e impigliarmi tra le spine.» «La lepre muore
di freddo, di fame, di vecchiaia o fucilata.
Basta agli uccelli, spesso, un forte
vento notturno, tramontana tra le anitre
congelate.» «Herz», disse sulla terrazza,
«verremo risucchiati da una grondaia in un giorno
di pioggia, emblema di violenze.»

«Desideravo da tempo muovermi
tra gli alberi: divenire uccello e nel
fogliame estivo scoprire il cunicolo,
giungere al fondamento.» «Toccare le radici
e leccare sostanze nutritive.» «La vecchia
abbaia», hai detto, «e lo scemo ha urtato
il muro, con la ruota. Stizzito solleva
la maschera dalle pietre e ricade nell'incertezza
di un universo in furioso divenire.»

«Scivolo nuotando tra alghe pericolose.
Affondo in fitte vegetazioni, ricoperto
di formiche e di foglie. Mastico piume,
è quasi la conoscenza: con la luce
del giorno tra le fessure e la polvere

Antonio Porta

Dialog mit Herz

»Angst ergriff mich, als ich zum Hasen wurde,
doch ich ließ es zu, gewöhnte mich daran.«
»Würd es stimmen, ich könnte mich töten.« »Welches Schicksal
erwartet die Hasen?« »Der einfache Tod.«
»Eine abscheuliche Furcht befiel mich, ich pfiff,
des Nachts, und fraß die Blätter, von Kohl
und Tabak. Im Winter lebte ich von den Resten.«

»Ich will nicht Hase werden, sondern Vogel
und mich in Dornensträuchern verfangen.« »Der Hase stirbt
an Kälte, Hunger, dem Alter oder der Flinte.
Vögeln genügt oft ein kräftiger
Nachtwind, ein Nordwind der zwischen erfrorene
Enten fährt.« »Herz«, sagte er auf der Terrasse,
»ein Regentag wird uns in eine Wasserrinne
schwemmen, Emblem von Gewalten.«

»Wünschte seit langem, mich zu wiegen
zwischen den Bäumen: Vogel zu werden und im
Blattwerk des Sommers den Gang zu entdecken,
zum Grund zu reichen.« »Die Wurzeln zu berühren
und Nährstoffe zu lecken.« »Die Alte
bellt«, sagtest du, »und der Dumme rannte
gegen die Mauer, mit dem Rad. Zornig nimmt
er die Maske von den Steinen und fällt zurück in die Ungewissheit
einer Welt in rasendem Werden.«

»Ich gleite hinab und schwimme durch gefährliche Algen.
Ich versinke in dichte Vegetationen, bedeckt
mit Ameisen und Blättern. Ich kaue auf Federn,
ist fast die Erkenntnis: mit dem Licht
des Tages durch Risse und Staub,

che si alza in un formicolìo di protezione
e di salvezza.»

Per i capelli ci afferra il vento, è vero,
dietro la nuvola si arresta un cielo specchiante:
nell'ombra maculata lo raggiunge la voce di Herz.
La sera, in terrazza, continuarono, felici:
«Avrà mai fine l'arbitrio del giorno e della notte?»

(Aus: Nel fare poesia, 1985)

Balene delfini bambini, 5

l'essere, dico io, a farlo vivere fu una voce
la sua esistenza affidata alla pura oralità
in principio: démone funerario, nato dentro un ventre
come un figlio nuovo di fronte alla morte, amico, e tu
lo cacci fuori, adesso, con fiati senza musica, ma guardami
bene mentre ti parlo dallo specchio, ti sembra tardi
ma non è vero, questa è la notte delle resurrezioni,
l'essere è fame che segue subito la nascita.

(Aus: Invasioni, 1984)

airone, 10

quando il mio essere si fa opaco lo distendo
ai tuoi piedi, airone
io disteso come prateria
invasa dalle acque dai semi
opposto ai buchi luminosi dello stellato
come in attesa di essere ancora luce
all'alba quando il conflitto si placa e si racchiude
in un uovo minuscolo

aufgewirbelt zu Schutz
und Rettung.«

Bei den Haaren greift uns der Wind, wahrhaftig,
hinter der Wolke steht ein gleißender Himmel still:
im befleckten Schatten holt ihn die Stimme von Herz ein.
Am Abend, auf der Terrasse, werden sie fortfahren, glücklich:
»Wird die Willkür von Tag und Nacht je ein Ende finden?«

(Sarah Scheibenberger)

Wale Delphine Kinder, 5

Das Sein, sage ich, erweckte eine Stimme zum Leben,
sein Dasein verdankt sich reiner Mündlichkeit
im Anfang: Grabesdämon, im Leib geboren
wie ein neuer Sohn im Angesicht des Todes, Freund, und du
holst ihn hervor, jetzt, mit unmusikalischem Atem, doch sieh mich
gut an, während ich dir aus dem Spiegel spreche, es scheint dir spät
doch es stimmt nicht, dies ist die Nacht der Auferstehungen
und das Sein der Hunger, der gleich auf die Geburt folgt.

(Sarah Scheibenberger)

Reiher, 10

Wenn sich mein Sein trübt, breite ich es aus
vor deinen Füßen, Reiher,
breite mich aus wie Wiesen
geflutet von Wassern von Samen,
vor mir die Lichtlöcher am Sternenhimmel,
als erwarte ich noch Licht
in der Dämmerung, wenn der Streit sich legt und sich einschließt
in ein winziges Ei,

dove già pulsa il cuore di un usignolo
dove batte il minuscolo mio cuore neonato
come milioni di altri muscoli nascosti
potenti macchine da guerra che avanzano
che scuotono la cintura della terra
e misurano ogni altro respiro

(Aus: Il giardiniere contro il becchino, 1988)

wo schon das Herz einer Nachtigall pocht,
wo mein winziges Herz neugeboren schlägt,
wie Millionen anderer verborgener Muskeln,
mächtige Kriegsmaschinen, die vorrücken
den Erdgürtel erschüttern
und jeden weiteren Atemzug ausmessen

(Sarah Scheibenberger)

Giuseppe Conte

Estate
Gli scoiattoli al Central Park

Lo dicono anche le giude turistiche
che ci sono gli scoiattoli al Central Park.
E noi ne avevamo visto uno
solo, uno magro, grigio come
un topo di città e con una piccola
coda bisunta, che restava
ai piedi di un tronco d'albero
nell'ombra, fermo come un malato,
come un sopravvissuto.

C'era sembrato anche lui derelitto
come gli uomini che seggono sui marciapiedi
al fondo di Prince Street
con accanto il sacchetto di carta
tutto pieghe intorno al collo
della bottiglia,
come i piccioni che raspano
l'erba, la fanghiglia del Battery
Park confinante con i pontili.

Non ricordo se l'avevamo festeggiato.
Il dubbio che fosse un topo non era subito
andato via: quella coda
così poco gloriosa
ti aveva insospettito,
quel pelo così poco
folto, quel fare mesto,
quello starsene solo.

Giuseppe Conte

Sommer
Die Eichhörnchen im Central Park

Auch in den Reiseführern liest man,
daß es Eichhörnchen gibt im Central Park.
Und wir hatten nur ein einziges
gesehen, ein mageres, grau wie
eine Stadtmaus und mit einem kleinen
fettigen Schwanz, das zu den
Füßen eines Baumstamms hockte,
im Schatten, reglos wie ein Kranker,
wie ein Überlebender.

Auch uns kam es vor wie ein Gestrandeter,
wie die Männer auf den Gehsteigen
am Ende der Prince Street
mit der Papiertüte neben sich
verknittert um den Flaschenhals
gelegt,
wie die Tauben, die das Gras
durchkämmen, den Schlamm des Battery
Park, angrenzend an die Stege.

Ich weiß nicht, ob wir uns darüber freuen konnten.
Der Zweifel, ob's nicht eine Maus war, blieb
bestehen: dieser Schwanz,
so wenig majestätisch,
hatte deinen Verdacht geweckt,
sein wenig dichtes
Fell, das traurige Treiben,
sein Für-sich-allein-sein.

Ma quest'estate, invece! Sono in volo
gli scoiattoli, da ramo a ramo, da
cespuglio a cespuglio, sui sentieri
dove qualche foglia è già
caduta, sui prati, intorno
alle panchine, a quella grata
che dà sul cortiletto delle altalene
scoiattoli dappertutto, tanti, come
neppure un bosco ne ospita.
Guardali bene:
non hai perplessità ora: fai festa
anche tu.
Sono fulvi questi, hanno il pelo
alto, crespo, pulito
e la coda, questa è una coda
di scoiattolo!

Ci tagliano la strada, ne scoppiano
certi rami di quercia,
vanno in coppia
per i tronchi, e poi
forse bisticciano, non vedi?
Piovono foglie, ghiande come
grandine al suolo.

Quando sono lassù, sembra che volino
proprio, che inseguano
la vetta di ogni ramo teso contro
l'azzurro del mattino per scomparire
ma verso
dove?

E uno di passaggio a terra
uno solo, lento, che
sentì i nostri piedi si fermò
quasi estatico, le zampe
corte e forti appena un po'
divaricate, arcuato il dorso, il capo

Indes, in diesem Sommer! Da fliegen sie
die Eichkätzchen, von Zweig zu Zweig, von
Strauch zu Strauch, auf Wegen,
wo schon manches Blatt
gefallen ist, auf Wiesen, um
die Bänke, dieses Gitter
vor diesem kleinen Hof mit den Schaukeln,
Eichkätzchen überall, mehr als
ein Wald beherbergen könnte.
Sieh sie dir an:
nun eines Besseren belehrt: jetzt ist
auch deine Freude groß.
Rötlich sind sie, ihr Fell ist
lang und kraus und blank
und erst der Schwanz, das nenn ich einen
Eichhörnchenschwanz!

Sie schneiden uns den Weg ab, knacken
mehrfach Eichenzweige,
sie streifen paarweise
über die Stämme und vielleicht
zanken sie sich auch, siehst du?
Und Blätter regnen, Eicheln prasseln
wie Hagel auf die Erde.

Wenn sie dort oben sind, so scheint es, daß sie wirklich
fliegen, die Spitze
eines jeden Zweigs erklimmen, der gespannt
gegen das Blau des Morgens ragt, um zu
verschwinden, bloß
wohin?

Und eines flitzte übers Gras
nur eines, das, bedächtig, kaum
vernahm es unsre Schritte, innehielt
verzaubert fast, die Pfoten
kurz und stark, ein kleines bißchen
aufgespreizt, der Rücken krumm, der Kopf,

ancora più culminante in un nasino
nero, credo: si fermò
a guardarci: e non ci
capì, non volle
comunicarci nulla,
muto come le zolle della terra
come i raggi del sole sulle foglie.

Quanti erano quel giorno! Le folle
sulla Settima sin giù
dove incontra Broadway, imitavano
quelle?
O i frettolosi che arrivavano al Lincoln Center
in bicicletta con la borsa di libri
o ne uscivano a fumare una sigaretta
d'in piedi?

«Credilo: sono scoiattoli, non hanno
niente a che fare con noi:
né quello solitario di anni fa
né i tanti di questa
estate:
né il vecchio malinconico, né i festanti
di oggi. È bello che ci siano
loro qua, che saltino così
improvvisi: raggi del mattino
arricciati sembrano
di un sole piccolino, un gomitolo
di luce.»

(Aus: Le Stagioni, 1988)

der zulief auf ein schwarzes
Näschen, glaube ich: das innehielt
uns anzublicken: und uns nicht
verstand, uns nichts
zu sagen hatte, stumm
wie die Schollen der Erde, wie
die Sonnenstrahlen auf den Blättern.

Wie viele es an jenem Tag gewesen waren! Die Menschenmengen
auf der 7th Street und weiter unten,
wo sie auf den Broadway trifft, waren sie nur
ihr Abbild?
Oder die Eiligen, die mit dem Fahrrad bis zum
Lincoln Center fuhren, mit der Büchertasche,
oder es kurz verließen, um im Stehen
eine Zigarette zu rauchen?

»Glaub mir: es sind Eichhörnchen, sie haben
nichts mit uns zu schaffen:
weder das eine Eigenbrötlerische von vor ein paar Jahren
noch die unzähligen in diesem
Sommer:
weder das alte melancholische noch die frohlockenden
von heute. Und es ist schön, daß es
sie gibt, daß sie so plötzlich
springen: wie gelockte
Morgenstrahlen einer kleinen
Sonne scheinen sie, ein Knäuel
aus Licht.«

(Theresia Prammer)

Fuorché me stesso

Vorrei essere tutto, fuorché
me stesso. Se tu puoi
dammi il tremore dell'oleandro
la gloria febbricitante di Alessandro
le mani di un pescatore
il sapere e il dolore
che spingono i salmoni verso le foci
il volo della tortora
il riflesso che imporpora
rose e cieli quando è sovrana
Venere. Tutto, fuorché
me stesso, fuorché tornare
in me stesso.

(Aus: Dialogo del poeta e del messaggero, 1992)

Außer mir selbst

Alles möchte ich sein, außer
mir selbst. Wenn du kannst,
gib mir das Zittern des Oleanders,
den fiebernden Ruhm Alexanders,
die Hände eines Fischers,
das Wissen und den Schmerz,
die die Lachse zu den Flußmündungen treiben,
den Flug der Turteltaube,
den Widerschein, der rot einfärbt
Rosen und Himmel, wenn Herrscherin ist
Venus. Alles, außer
mir selbst, außer zurückzukehren
in mich selbst.

(Barbara Kleiner)

Maurizio Cucchi

Il magone

Se mi guardi bene sto già pensando
al giorno non lontano in cui dovrò sgomberare la mia roba di qui
per portare tutto nell'altra casa.
I libri e il pianoforte che ancora non ho imparato a suonare.

E già premedito l'inevitabile magone di cui
potrò dirmi che è la mia parte migliore.

E il pacco, che scarti mentre dici
«qui c'è il pigiama nuovo che ti ho preso per la dote»…
Di dietro agli occhi tanto per cambiare
sento la lacrima che sale, ma questa volta
ce la faccio e mi trattengo. Non è questione
d'essere mammone, è che lo spettro
della solitudine ormai doppia (non mia)… e quella musica
alla radio della domenica nel primo pomeriggio confessa
e stabilisce la quantità della pena. E qui

di fare il bravo il duro di giocare d'ironia
per non sentirsi dentro
straziare dalla commozione questione…
… questione non è più ti dico.

(Aus: Il disperso, 1976)

Maurizio Cucchi

Der Knoten im Hals

Wenn du genauer hinsiehst, merkst du: ich denke bereits
an den nicht fernen Tag, an dem ich meine Sachen von hier fortschaffen muß,
um alles in die andere Wohnung zu bringen.
Die Bücher und das Klavier, auf dem ich immer noch nicht spielen kann.

Schon absehbar der unvermeidliche Knoten im Hals,
von dem ich behaupten werde, er sei das Beste, was ich habe.

Und das Paket, das du aufschnürst, während du sagst:
»Hier ist der neue Schlafanzug, der für deine Aussteuer«…
Hinter den Augen spüre ich wie, zur Abwechslung,
schon die Träne aufsteigt, aber dieses Mal
schaffe ich es und halte mich zurück. Denk nicht,
ich sei ein Muttersöhnchen, es ist dieses Gespenst
der nunmehr doppelten Einsamkeit (nicht meiner)… und die Musik
im Sonntagsradio am frühen Nachmittag, die all das sagt
und das Ausmaß der Strafe festsetzt. Und hier

den Tapferen, den Braven, den Ironischen mimen,
um sich nicht innerlich
zu zerfleischen vor Rührung… vor Fragen…
… ich sage doch, es steht nicht mehr zur Frage.

(Theresia Prammer)

Forse ho imparato che nulla
può spingerti fuori da questi confini.
Occorre dunque aderire al disegno,
obbedire con fierezza,
essere eroicamente parte che non si afferma.
Come tutti questi volti goffi
che ti stanno attorno, dappertutto,
e che non hanno un destino diverso.
Nella necessità, anonimi,
un attimo di gioia li ravviva,
li fa brillare senza volto, senza distinzione,
oltre l'angoscia di sé,
del proprio quotidiano sfarsi e perdersi.

(Aus: La luce del distacco, 1990)

'53

L'uomo era ancora giovane e indossava
un soprabito grigio molto fine.
Teneva la mano di un bambino
silenzioso e felice.
Il campo era la quiete e l'avventura,
c'erano il kamikaze,
il Nacka, l'apolide e Veleno.
Era la primavera del '53,
l'inizio della mia memoria.
Luigi Cucchi
era l'immenso orgoglio del mio cuore,
ma forse lui non lo sapeva.

(Aus: Poesia della fonte, 1993)

Vielleicht habe ich gelernt, daß nichts
dich über diese Grenzen hinaustreiben kann.
Es gilt also, sich dem Entwurf zu fügen,
zu gehorchen mit Stolz,
heroisch Teil zu sein, der sich nicht hervortut.
Wie all diese plumpen Gesichter,
die um dich herum sind, überall,
und die auch kein anderes Schicksal haben.
Äußerstenfalls belebt sie, die anonymen,
ein Moment der Freude,
bringt sie zum Strahlen, ohne Gesicht, ohne Unterschied,
jenseits der Angst vor sich selbst,
vor dem täglichen Sichauflösen und Sichverlieren.

(Barbara Kleiner)

1953

Der Mann war noch jung und er trug
einen sehr feinen grauen Mantel.
Er hielt die Hand eines Kindes,
schweigsam und froh.
Das Spielfeld war das Abenteuer und die Stille,
Kamikaze war da,
aber auch Nacka, Apolide und Veleno:
Es war der Frühling von 1953,
der Beginn meiner Erinnerung.
Luigi Cucchi
war meines Herzens unermeßlicher Stolz,
doch das konnte er gar nicht wissen.

(Theresia Prammer)

Vivian Lamarque

Il signore della scatolina

Un signore aveva una prima moglie.
In più in una scatolina ne aveva anche una seconda,
    segreta, molto piccola.
Come faceva a respirare la moglie nella scatolina?
Nella scatolina c'era una finestra minuscola, inoltre
    c'erano uno scrittoio e un lettino.
Il signore voleva molto bene a tutte e due le sue mo-
    gli e tutte e due le sue mogli volevano molto bene
    al signore.

(Aus: Il signore d'oro, 1986)

Il signore d'oro

Era un signore d'oro. Un signore d'oro fino, zec-
    chino.
Per il suo carattere duttile e malleabile, per il suo
    caldo dorato colore, per il luccichio dei suoi
    occhi, era un signore molto ricercato.
I corsi dei fiumi venivano deviati, i fondali scan-
    dagliati e setacciati, ma i signori che affiorava-
    no brillavano poco, erano signori pallidi,
    opachi, non erano d'oro vero, erano signori
    falsi.
Non avevano aurifere vene?
No, le loro lente vene scorrevano quasi del tutto
    essiccate in direzione dei loro minuscoli cuori,
    a fatica.
E dov'era il signore d'oro vero?

Vivian Lamarque

Der Herr der Schachtel

Ein Herr hatte eine erste Frau.
Auch hatte er in einer Schachtel noch eine zweite,
    geheim, sehr klein.
Wie konnte die Frau in der Schachtel nur atmen?
In der Schachtel gab es ein winziges Fenster, außerdem
    waren da ein Schreibtisch und ein kleines Bett.
Der Herr hatte seine beiden Frau-
    en sehr lieb und seine beiden Frauen hatten den Herrn
    sehr lieb.

(Helga Thalhofer)

Der goldene Herr

Er war ein Herr aus Gold. Ein Herr aus feinem Gold, Dukaten-
    gold.
Wegen seines geschmeidigen und formbaren Charakters, wegen seiner
    heißgoldenen Farbe, wegen des Glanzes seiner
    Augen war er ein sehr gefragter Herr.
Die Flußläufe wurden umgeleitet, ihr Bett aus-
    gelotet und durchkämmt, aber die nach und nach auftauchen-
    den Herren glänzten kaum, es waren blasse Herren,
    undurchsichtig, sie waren nicht aus echtem Gold, es waren falsche
    Herren.
Führten sie keine Goldadern?
Nein, ihre langsamen Adern verliefen fast gänzlich
    ausgetrocknet in die Richtung ihrer kleinen Herzen,
    mühsam.
Und wo war der Herr aus echtem Gold?

Lontano, in una casa assolata, pigro e paziente,
    aspettando di essere trovato, in un angolino, il
    signore d'oro luccicava.

(Aus: Il signore d'oro, 1986)

Questa quieta polvere, IX

questa notte io ho sognato
che l'amore mio era tornato
io facevo carezze alla sua mano
ma la sua mano non faceva carezze a me:
l'amore mio aveva una mano di marmo

storture non si raddrizzano
privazioni restano prive

in casa si vede subito
che l'amore mio non c'è
ma fuori c'è tanto spazio
dove l'amore mio potrebbe essere
allora io con gli occhi
dappertutto lo cerco

tagliategli la testa! ordinò la regina

perché dall'amore mio
non essere certe volte pedinata?

io mi guardo alle spalle
ma non lo sono

le teste sono state tagliate?
lo sono state Vostra Maestà

Weit von hier, in einem sonnenbeschienenen Haus, träge und geduldig,
    darauf wartend, gefunden zu werden, in einer Ecke,
    leuchtete der goldene Herr.

(Helga Thalhofer)

Dieser ruhige Staub, IX

diese Nacht habe ich geträumt
meine Liebe sei zurückgekehrt
ich streichelte ihre Hand
aber ihre Hand streichelte nicht mich:
meine Liebe hatte eine Hand aus Marmor

Krümmungen biegen sich nicht gerade
Entbehrungen bleiben leer

zu Hause sieht man gleich
daß meine Liebe nicht da ist
aber draußen ist so viel Platz
wo meine Liebe sein könnte
also suche ich mit den Augen
sie überall

köpft ihn! befahl die Königin

warum von meiner Liebe
nicht manches Mal beschattet werden?

ich seh über meine Schulter
bin es aber nicht

sind sie geköpft worden?
sie sind es, Ihre Majestät

ieri ho avuta una visione
l'amore mio era in giardino
metà era vecchio metà era bambino

dimmi: cosa ti ha detto l'amore tuo?

l'amore mio mi ha detto
mi fermerò presto

dove si fermerà presto l'amore tuo?

l'amore mio si fermerà presto da me
nella mia casa

quanto tempo si fermerà l'amore tuo?

l'amore mio si fermerà per sempre
e anche di più

e adesso dov'è l'amore tuo?

l'amore mio è nella Valle di Neve
cosiddetta perché la sua terra
è del color della neve

Che fa il mio bimbo?
Che fa il mio capriolo?
Verrà tre volte ancora.
E poi non verrà più

(Aus: Una quieta polvere, 1996)

gestern hatte ich einen Traum
meine Liebe war in einem Garten
halb war sie alt, halb ein Kind

sag mir: was hat dir deine Liebe gesagt?

meine Liebe hat mir gesagt
ich werde bald einkehren

wo wird deine Liebe bald einkehren?

meine Liebe wird
in meinem Haus bald einkehren

wie lange wird deine Liebe bei dir einkehren?

meine Liebe wird für immer bei mir einkehren
und auch noch länger

und wo ist deine Liebe jetzt?

meine Liebe ist im Schneetal
so genannt, weil ihre Erde
die Farbe des Schnees hat.

Was macht mein Kind?
Was macht mein Reh?
Es wird noch dreimal kommen.
Und dann nicht mehr.

(Helga Thalhofer)

Patrizia Cavalli

Quando si è colti all'improvviso da salute
lo sguardo non inciampa, non resta appiccicato,
ma lievemente si incanta sulle cose ferme
e sul fermento e le immagini sono risucchiate
e scivolano dentro
come nel gatto che socchiudendo gli occhi mi saluta.

I rumori si sciolgono: i gridi e le sirene
semplicemente sono. La tessitura sgranata
degli odori riporta ogni lontananza
e la memoria inventando i suoni, fa cantare
alla voce una canzone che avanza
fra il traffico e le spinte.

E certo noi eravamo nati
per questa consonanza.
Ma vivendo in città c'è sempre
qua e là una qualche improvvisa puzza
di fritto che ti rimanda a casa.

(Aus: Il cielo, 1981)

Se ora tu bussassi alla mia porta
e ti togliessi gli occhiali
e io togliessi i miei che sono uguali
e poi tu entrassi dentro la mia bocca
senza temere baci disuguali
e mi dicessi: «Amore mio,
ma che è successo?», sarebbe un pezzo
di teatro di successo.

(Aus: L'io singolare proprio mio, 1999)

Patrizia Cavalli

Wenn einen plötzlich Gesundheit überkommt
stolpert der Blick nicht mehr, bleibt nicht haften,
sondern schwebt über den ruhenden und
rührigen Dingen, die Bilder werden eingesogen
schleichen sich ein
wie in die Katze, die mich blinzelnd begrüßt.

Geräusche lösen sich auf: Schreie und Sirenen
sind einfach nur. Das gerissene Gewebe
der Gerüche bringt jede Ferne zurück
und die Erinnerung erfindet Klänge, läßt die Stimme
ein Lied singen das sich durch
Verkehr und Gedränge schlängelt.

Sicherlich wurden wir
für diesen Gleichklang geboren.
Doch unterwegs in der Stadt
bringt dich hier und dort ein plötzlicher Fettgestank
immer wieder nach Hause.

(Piero Salabè)

Würdest du jetzt an meine Tür klopfen
und deine Brille abnehmen
und ich meine, die gleich ist
und kämst du in meinen Mund
ohne Furcht vor ungleichen Küssen
und sagtest zu mir: »Liebste,
was ist denn jetzt passiert?« – der Erfolg
des Stücks wär garantiert.

(Piero Salabè)

Che ogni dolore ambisca all'agnizione
a farsi riconoscere nel nome
e dopo aver preteso anche il cognome
non esca dalla spoglia condizione
del suo restare comunque quel che è,
ossequioso e solerte esecutore
di un casuale biologico programma
che solo per orgoglio si fa dramma
di carne pensierosa e di paura,
questa è la nostra futile natura.

(Aus: Sempre aperto teatro, 1999)

Daß aller Schmerz nach Wiedererkennen strebt
daß er am Namen erkannt sein will
einen Nachnamen noch verlangt
und dennoch seinem nackten Dasein nicht entkommt,
seinem Verharren in dem was er ist,
der emsige ehrerbietige Vollstrecker
eines willkürlichen biologischen Plans
der nur aus Stolz ein Drama aufführt
von nachdenklichem Fleisch und Angst,
das ist unsere flüchtige Natur.

(Piero Salabè)

Cesare Viviani

Avevano ragione a dirci: non spingetevi oltre,
arrivate fino alla vigna grande e tornate.
Guardate le cose che già conoscete,
i tigli del viale,
la fila dei salici lungo il fossato,
l'orto della fonte vecchia, il boschetto,
dopo compaiono le case di San Romolo e proseguite
fino alla cappella e ai filari.
Fate il sentiero di sempre, fate
una passeggiata.

(Aus: Preghiera del nome, 1990)

Abbiamo imparato insieme, preticello mio,
che il movimento della terra – quello
impercettibile della crescita dell'erba e dei rami,
e quello devastante dei terremoti,
dell'acqua e del vento – scuote
l'anima dei trapassati e manda ai vivi
parole indelebili.
Ora l'autista, in assenza di ordini, ha preso
l'iniziativa: ha fermato la corsa.
Sono finite le scosse, il tuo corpo è inerte.
Davanti a noi, alla fine dei campi, le mura
della città turrita, immobili,
lambite dall'ultimo chiarore: «Non è
la città dove siamo nati», avverto
il conducente con una voce secca, serrata.
Lui cerca di convincermi. «Non è – insisto –
per quanto somigliante, non è!»
Allora lui balza indietro, come ferito,
ha paura, mi guarda atterrito,
come fossi un pazzo.

Cesare Viviani

Sie hatten recht, uns zu sagen: Dringt nicht darüber hinaus,
erreicht den großen Weinberg und kehrt um.
Betrachtet die Dinge, die ihr schon kennt,
die Linden der Allee,
die Reihen von Weiden entlang des Grabens,
den Garten des alten Brunnens, den kleinen Wald,
danach erscheinen die Häuser von San Romolo, und ihr geht weiter
bis zur Kapelle und zu den Zeilen der Weinstöcke.
Nehmt den Weg wie immer, geht
spazieren.

(Pia-Elisabeth Leuschner)

Wir haben es gemeinsam gelernt, mein kleiner Priester,
dass die Bewegung der Erde – die
unmerkliche des Wachstums von Zweigen und Gras,
und die verheerende von Erdbeben,
Wasser und Wind – die Seele
der Verstorbenen erschüttert und den Lebenden
unauslöschliche Worte schickt.
Jetzt hat der Fahrer, da wir keine Anweisung gaben, die
Initiative übernommen: er hat angehalten.
Die Erschütterungen haben aufgehört, dein Körper ist reglos.
Vor uns, am Ende der Felder, die Mauern
der Stadt mit ihren Türmen, unbeweglich,
von der letzten Helle beleckt: »Das ist nicht
die Stadt, in der wir geboren wurden«, eröffne ich
dem Fahrer mit spröder gepreßter Stimme.
Er versucht, mich zu überzeugen. »Sie ist es nicht – beharre ich –
so sehr sie ihr auch ähnelt, sie ist es nicht!«
Da wirft er sich rückwärts, wie verletzt,
er hat Angst, sieht mich entsetzt an,
als sei ich ein Irrer.

Non riesce a credermi.
Ha un'aria annichilita, indietreggia rigido,
si allontana da me. Alla fine grida:
«Non è irriconoscibile la mia vita!»
Ha avuto paura della morte il conducente, scappa
a gambe levate verso la città. Fa ridere.
Non sa cosa l'aspetta. Crede di trovare
i familiari, le consuetudini, i soliti conforti …

(Aus: L'opera lasciata sola, 1993)

Oh passanti, oh lettori! Chi di voi
si fermerà ad ammirare l'invisibile,
tralasciando chi vi aspetta? Chi spezzerà
le catene del fare, per affondare
e disperdere il suo sguardo
nelle forme del vento? Chi passerà
il suo tempo a cercare
il punto dove scompare ogni figura,
dissolta dalla luce? Chi abbandonerà
il brusio assordante dei commenti,
per accogliere in sé la voce dell'Inesistente?
Oh, mi direte, la tua retorica! Ma un giorno,
uno qualunque, mentre svolgete
le più comuni mansioni,
si spalancherà sotto di voi un abisso,
un bagliore, un dolore vi abbatterà, acutissimo,
così profondo da colpire il centro della vita,
cercherete ancora di difendervi afferrando
un oggetto, tentando una mossa.
Sprofonderete.
Dopo sarete una cosa inerte. Gli altri,
intorno a voi, indaffarati subito
a far sparire questo corpo immobile,
in una fossa.

(Aus: L'opera lasciata sola, 1993)

Er bringt es nicht fertig, mir zu glauben.
Er sieht niedergeschmettert aus, zieht sich starr zurück,
entfernt sich von mir. Am Ende schreit er:
»Es ist nicht unkenntlich – mein Leben!«
Er hatte Angst vor dem Tod, der Fahrer, er flieht
Hals über Kopf auf die Stadt zu. Zum Lachen.
Er weiß nicht, was ihn erwartet. Er glaubt sie zu finden,
die Verwandten, die Gewohnheiten, das übliche Tröstliche ...

(Pia-Elisabeth Leuschner)

Ihr, die ihr vorübergeht, Leser, wer von euch
wird innehalten, um das Unsichtbare zu bestaunen,
achtlos für den, der euch erwartet? Wer wird
die Ketten des Handelns zerbrechen, um den Blick
hinabzutauchen und ihn in die Formen des Windes
zu zerspellen? Wer wird seine Zeit
daran wenden, jenen Punkt zu suchen,
wo jede Gestalt verschwindet,
vom Licht zerlöst? Wer wird
den betäubenden Lärm der Erklärungen hinter sich lassen,
um in sich die Stimme des Nicht-Seienden zu empfangen?
Deine Rhetorik, werdet ihr mir sagen! Aber eines Tags,
irgendeines, während ihr den gewöhnlichsten
Erledigungen nachgeht,
wird unter euch ein Abgrund aufklaffen,
ein Blitz, ein Schmerz wird euch niederstrecken, durchbohrend
so tief, daß er den Kern des Lebens trifft,
ihr werdet noch versuchen, euch zu verteidigen, indem ihr
nach irgendetwas greift, eine Bewegung versucht.
Ihr werdet untergehen.
Hinterher werdet ihr ein fühlloses Etwas sein. Die anderen,
um euch herum, werden sofort geschäftig
diesen reglosen Körper verschwinden lassen,
in einer Grube.

(Pia-Elisabeth Leuschner)

Franco Buffoni

Tecniche di indagine criminale
Ti vanno – Oetzi – applicando ai capelli
Gli analisti del Bundeskriminalamt di Wiesbaden.
Dopo cinquanta secoli di quiete
Nella ghiacciaia di Similaun
Di te si studia il messaggio genetico
E si analizzano i resti dei vestiti,
Quattro pelli imbottite di erbe
Che stringevi alla trachea nella tormenta.
Eri bruno, cominciavi a soffrire
Di un principio di artrosi
Nel tremiladuecento avanti Cristo
Avevi trentacinque anni.
Vorrei salvarti in tenda
Regalarti un po' di caldo
E tè e biscotti.

Dicono che forse eri bandito,
E a Monaco si lavora
Sui parassiti che ti portavi addosso,
E che nel retto ritenevi sperma:
Sei a Münster
E nei laboratori IBM di Magonza
Per le analisi di chimica organica.
Ti rivedo col triangolo rosa
Dietro il filo spinato.

(Aus: Il profilo del rosa, 2000)

Franco Buffoni

Techniken kriminalistischer Untersuchung
Wenden sie jetzt – Ötzi – auf dein Haar an
Die Forscher des Bundeskriminalamts in Wiesbaden.
Nach fünfzig Jahrhunderten der Ruhe
Im Eisloch des Similaun
Studiert man von dir die genetische Botschaft
Und erforscht die Reste der Kleidung,
Ein paar Felle gepolstert mit Kräutern,
Die du an den Hals drücktest im Schneesturm.
Dunkel warst du, begannst zu leiden
An leichter Arthrose
Dreitausendzweihundert vor Christus
Warst du fünfunddreißig.
Ich möchte dich retten ins Zelt,
Dir etwas Wärme schenken
Und Tee mit Gebäck.

Sie sagen du warst vielleicht verstoßen,
Und in München arbeitet man
An den Parasiten, die du an dir trugst,
Und daß dein Rektum noch Sperma enthielt:
Du bist in Münster
Und in den IBM-Labors in Mainz
Zu Analysen der organischen Chemie.
Ich seh dich wieder mit dem rosa Dreieck
Hinter dem Stacheldraht.

(Paola Barbon)

Si sa benissimo che la città è fondata
Su cunicoli e cunicoli, e cantine profondissime
E canali, acque morte in transito acquitrini
Ciechi sbocchi di sabbia e ghiaia, ossa pietrificate
Di necropoli a strati su carcasse di orse
Alte tre metri e di altri animali avariati.
Si sa che è lavata da acque di giro
Costantemente dal porto e da ponente,
Che è divaricata e biforcuta tangenzialmente
Verso la collina di macerie putrefatte.
Che è nata e rinata su fondamenta mobili
E questa non sarà l'ultima volta.

(Aus: Del maestro in bottega, 2002)

Reclinato il capo al tronco
Tra cavo e cavo
Sulla pelliccia bianca della valle,
Il berretto rovesciato sul rosso
A trattenere gli intestini
E brandelli di zaino dalle spalle
A spiovere sull'erba.
Dal petto riluceva un amuleto rosso sangue
Lungo il fianco destro sollevato
Sulle gambe arcuate.
Un'altra bomba ancora stretta in mano
Come una lattina
Di domenica sul prato.

(Aus: Guerra, 2005)

Niemand bezweifelt, daß die Stadt sich stützt
Auf Gänge und Gräben, abgründige Grotten
Auf Kanäle, fließende Moraste, Sumpfgewässer
Blinde Gerinnsel aus Schotter und Sand, versteinerte Knochen
Aufgeschichteter Totenstädte, auf Bärinnenskelette
Von drei Metern Höhe und anderes faules Getier.
Niemand bezweifelt, daß kreisende Wasser sie spülen
Vom Hafen und vom Westen, immerfort,
Daß sie sich spreizt und tangential verzweigt
Hin zu den Hügeln aus Schrott und Verrottung.
Daß sie starb und erstand auf beweglichem Grund.
Und sie wird es noch viele Male tun.

(Theresia Prammer)

Den Kopf an den Stamm gelehnt,
Von hohlem Baum zu hohlem Baum,
Auf dem weißen Fell des Tals,
Das Barett gekippt auf das Rot
Die Eingeweide zu halten,
Und Rucksackfetzen von den Schultern
Aufs Gras regnend.
Von der Brust leuchtete ein Amulett blutrot
Entlang der rechten Hüfte, angehoben
Auf den verbogenen Beinen.
Eine weitere Bombe mit der Hand noch umklammert,
Wie eine Dose
Sonntags auf der Wiese.

(Piero Salabè)

Michele Sovente

Gli uccelli

Si dividono l'aria
gli uccelli tra loro, d'inverno
e a primavera luci e brame
sulle ali portando.
Ciò che vedono e soffrono
nel tumulto dei venti,
più delle porte fangose
a lungo stridendo, agli uccelli
sulla soglia della notte gli uccelli
soavi e precisi raccontano.*

(Aus: Cumae, 1998)

---

* *Aves*   Cum avibus aves / aethera dividunt, luces / cupidinesque per alas /
hieme et vere ferentes. / Suas poenas, sua itinera / in ventorum nequitia, /
diutius quam ianuae limosae / stridentes, avibus / aves sub noctem suaves /
enarrant subtiliter.

Michele Sovente

Die Vögel

Sie teilen sich die Luft
die Vögel, unter sich, im Winter,
und frühlings tragen sie auf ihren Flügeln
Sehnsüchte und Lichter.
Was sie sehen, was sie leiden
im Aufruhr der Winde,
– mit langgezogenem Kreischen, mehr noch
als die morastigen Türen an der Schwelle
der Nacht –, das erzählen die Vögel
den Vögeln, voll Liebreiz und gewissenhaft.

(Theresia Prammer)

Neque nobis prodest

Me tenebrae tenent tenaciter
sitis est mihi taberna
famesque unum meum caelum,
fremunt folia, stridet
sub lucem cupido-telum,
per tabulas pulvis decurrit
hiemalis – hoc est ludibrium
vitae nec potest vitari –,
vertebrae meae limum
Averni mordent, tui non est
mihi amor ultima salus,
utinam nomina nostra pondus
nuda destrueret – hoc est
fastigium mortis neque
nobis prodest –, num nova
sidera omnes dolos delent?*

(Aus: Cumae, 1998)

* *Nun ce abbasta*   Me fótte 'a notte, me gnótte, / 'a sete me guverna, 'a famma /
me tène comme a na mamma, / sbàtteno 'i ffoglie attuorno, quanno /
stò p'ascì 'u sole sghìzzano 'i vvoglie, / 'ncopp' 'i ttàvule 'i ponte se scapìzza /
vierno c' 'a póvere attizza – stò ccò / 'u scuorno r' 'a vita ma niente ce può fò –, /
ll'ossa meje se 'mpórpano r' 'a lutàmma / 'i ll'imberno, tu nun sì pe' me /
ll'ùrdemo scuoglio, ammagare putesse / 'u mare squagliò 'i nomme nuoste /
annure – è chisto 'u meglio cadó / ca ce fò 'a morte ma nun ce abbasta –, /
d'i stelle mò mò accumparute forze / ponno stutò sti 'mbruoglie?

Und es nützt uns nichts

Beharrlich umfangen mich Schatten,
Durst ist meine Schenke
und Hunger mein einziger Himmel,
es zittern die Blätter, es sirrt
unterm Licht der Speer des Begehrens,
in allen Tafeln rinnt der Staub
des Winters nieder – das ist der Häme-Witz
des Lebens, dem ist kein Entrinnen – mein Mark
malmt den Schlamm des Hades, Dich
zu lieben ist nicht mein letztes Heil,
ach, daß doch das Meer unsere nackten
Namen vernichtete, – das ist
der Gipfel des Todes und es nützt
uns nichts – ob wohl neue
Sterne alle Tücken tilgen?

(Pia-Elisabeth Leuschner)

Ferruccio Benzoni

Leggevamo Benn

Quella boucherie di forsizie e d'anime
noi la rileggemmo
nel tuo tedesco da nenia roca
in un mezzo secolo che ci veniva addosso.
Avevamo anni da ardere:
ricordi a bruciapelo-gabelle
di vegetazioni fulminanti.
Ci conoscemmo così spasimando
in una deriva di lenzuola
a brani
che un vento non ha più spento.

(Aus: Numi di un lessico figliale, 1995)

L'ombra del duellante

(a C. Alveti)

Con la tua aria da ragazzo vecchio
passato per via Quadronno e campi di calcio,
tirato il sorriso di chi resta
in panchina e vorrebbe accidenti
là sul prato come un angolo
beffare la sorte –
risse ti scalfivano di spasimanti
controsole casacche rossoblu ma
eri tu eri tu il clandestino che imbucava
gli spogliatoi sulfurei, fuggiva.
E da allora, Carlo, fu il silenzio
blando delle domeniche rasoterra

Ferruccio Benzoni

Benn lesend

Diese Boucherie aus Forsythien und Seelen
wir lasen sie wieder
in deinem Deutsch rauhbeiniger Kinderreime
als ein halbes Jahrhundert über uns niederging.
Wir hatten Jahre auszuglühen:
Erinnerungen halsüberkopf – funkelnde
Vegetationen abzugelten.
So schlossen wir Bekanntschaft, schmachtend
im Driften der Laken
Stück um Stück,
von keinem Windstoß ausgelöscht.

(Theresia Prammer)

Der Schatten des Duellanten

    (für C. Alveti)

Du, mit der Miene eines gealterten Jünglings
quer durch die Via Quadronno, die Fußballfelder,
mit dem gequälten Lächeln dessen, der
auf der Ersatzbank sitzt und doch, verflucht,
so gerne selber wie ein Engel auf dem Rasen
dem Schicksal eine lange Nase zeigen würde –
ein Gerangel riß dich mit, aus Gegnern
rotblauen Trikots, und Gegenlicht, jedoch
du warst es, du der blinde Passagier, der sich einschlich
in die schwefeligen Garderoben, der die Flucht ergriff.
Und seit damals, Carlo, kehrte Stille ein,
jene sanftmütige Stille der flachen Sonntage,

e lacera una tosse, lisa – l'ultimo
disperato tuo alfabeto Morse.

(Aus: Numi di un lessico figliale, 1995)

L'inverno dopo

   (a Fortini)

Dicembre senza grazia senza
l'amata neve cara a Boris Pasternak.
Dai cavi una voce che s'impenna
strozzandosi, e ingenuamente, nello sforzo di spezzare
il sibilo faticoso
prima per sempre di farsi silenzio.
Contando, ahi, ricontando quanti inverni
per una strada di Firenze
(la spolverina il basco)
imbozzolato nella rosa di una
poesia claustrale
a margine
(a margine?) del tuo «comunismo speciale».
Non interrotto il dialogo le
(ma canute altere) provocazioni
– da un ultimo inverno
afono,
non finisce qui – ti dico – e
sciupato infante rauco, «addio»:
il modo tuo d'accomiatarti.

(Aus: Sguardo dalla finestra d'inverno, 1998)

und ein gebrochener Husten zerreißt – deine
letzten verzweifelten Morsezeichen.

(Theresia Prammer)

Der Winter danach

    (für Fortini)

Dezember ohne Anmut, ohne
den geliebten Schnee, der Pasternak so teuer war.
Von den Drähten her eine Stimme, die sich aufbäumt
unbedarft, gepreßt, im Bemühn,
das lästige Zischen zu brechen,
ehe für immer Stille wird.
Im Zählen, Wiederzählen, ach wie
vieler Winter, auf einer Straße von Florenz
(der Staubmantel, die Baskenmütze)
verpuppt in der Rose einer
klausurhaften Dichtung
am Rand (am Rand?)
deines »eigenwilligen Kommunismus«.
Nicht unterbrochen das Gespräch, die
(weißbärtigen, hochfahrenden) Provokationen
– durch einen letzten, schalltoten
Winter,
das war nicht alles – sage ich – und
heiseres, mitgenommenes Kind, »Leb wohl«:
deine Art, Abschied zu nehmen.

(Theresia Prammer)

Milo De Angelis

La finestra

Nella camera
d'albergo, dietro le tende
che fanno vedere per la prima volta
una piazza tenera
«vorrei soltanto ripetere, capisci, nient'altro»
questo pomeriggio
è impersonale, non si rivolge a qualcuno
non lo sceglie, è già una terra
piena di ospiti, che compiono
in un altro
la sua opera incominciata
come quel ponte rimane là
è calmo, non è più
ciò che unisce due rive.

(Aus: Somiglianze, 1976)

Cartina muta

> Ora lo sai anche tu
> lo sappiamo
> mentre stiamo per rinascere.
> *Franco Fortini*

Entriamo adesso nell'ultima giornata, nella farmacia
dove il suo viso bianco e senza pace non risponde al saluto
del metronotte: viso assetato, non posso valicarlo,
è lo stesso che una volta chiamai amore, qui
nella nebbia della Comasina.
Camminiamo ancora verso un vetro. Poi lei
getta in un cestino l'orario e gli occhiali,

Milo De Angelis

Das Fenster

Im Hotelzimmer,
hinter den Vorhängen
die einen sanften Platz
zum erstenmal sehen lassen,
»ich möchte nur wiederholen, verstehst du, sonst nichts«,
dieser Nachmittag
ist unpersönlich, er wendet sich nicht an jemand,
wählt ihn nicht, ist bereits ein Land
voller Gäste, die
anderswo
sein angefangenes Werk vollbringen,
wie jene Brücke dort stehenbleibt,
sie ist ruhig, ist nicht mehr,
was zwei Ufer verbindet.

(Paola Barbon)

Stummer Stadtplan

Jetzt weißt du's auch,
wir wissen es,
während wir wiedergeboren werden.
Franco Fortini

Wir treten nun in den letzten Tag, die Apotheke,
wo ihr blasses, ruheloses Gesicht den Gruß des Nachtwächters
nicht erwidert: dürstendes Gesicht, das ich nicht überwinde,
dasselbe, das ich einmal Liebe nannte, hier
im Nebel von Comasina.
Wir laufen wieder auf eine Scheibe zu. Dann wirft sie
Fahrplan und Brille fort,

si toglie il golf azzurro, me lo porge silenziosa.
«Perché fai questo?»
«Perché io sono così», risponde una forma dura della voce,
un dolore che assomiglia
solamente a se stesso. «Perché io…
… né prendere né lasciare.» Avvengono parole
nel sangue, occhi che urtano contro il neon
gelati, intelligenti e inconsolabili,
mani che disegnano sul vetro l'angelo custode
e l'angelo imparziale, cinque dita strette a un filo,
l'idea reggente del nulla, la gola ancora calda.

«Vita, che non sei soltanto vita e ti mescoli
a molti esseri prima di diventare nostra…
… vita, proprio tu vuoi darle
un finale assiderato, proprio qui, dove gli anni
si cercano in un metro d'asfalto…»

Interrompiamo l'antologia
e la supplica del batticuore. Riportiamo esattamente
i fatti e le parole. Questo,
questo mi è possibile. Alle tre del mattino
ci fermammo davanti a un chiosco, chiedemmo
due bicchieri di vino rosso. Volle pagare lei. Poi
mi domandò di accompagnarla a casa, in via Vallazze.
Le parole si capivano e la bocca
non era più impastata. «Dove sei stata
per tutta la mia vita…» Milano torna muta
e infinita, scompare insieme a lei, in un luogo buio
e umido che le scioglie anche il nome,
ci sprofonda nel sangue senza musica. Ma diverremo,
insieme diverremo quel pianto
che una poesia non ha potuto dire, ora lo vedi
e lo vedrò anch'io… lo vedremo,
ora lo vedremo… lo vedremo tutti… ora…
… ora che stiamo per rinascere.

(Aus: Biografia sommaria, 1999)

zieht den blauen Pullover aus, gibt ihn mir schweigend.
»Wieso machst du das?«
»Weil ich eben so bin«, antwortet ein harter Zug ihrer Stimme,
ein Schmerz, der nur sich
selbst gleicht. »Weil ich…
… nicht nehmen und nicht lassen.« Worte ergeben sich
im Blut, Augen, hart im Neonlicht,
eisig, wissend und untröstlich,
Hände, die auf die Scheibe den Schutzengel zeichnen
und den unparteiischen, fünf Finger an einen Faden geklammert,
der tragende Gedanke des Nichts, die noch heiße Kehle.

»Leben, bist nicht nur Leben und vermischst dich
mit vielen Wesen, bevor du unser wirst…
… Leben, gerade du willst ihr
ein starres Ende bescheren, gerade hier, wo die Jahre
sich suchen auf einem Meter Asphalt…«

Lassen wir dieses Sammeln
und das Flehen des Herzschlags. Geben wir
Fakten und Worte genau wieder. Ja, dazu
bin ich imstande. Um drei Uhr morgens
hielten wir vor einer Bude, bestellten
zwei Gläser Rotwein. Sie wollte zahlen. Dann
bat sie mich, sie nach Hause zu bringen, in die Via Vallazze.
Ihre Worte waren klar, die Stimme
nicht mehr belegt. »Wo bist du gewesen
mein ganzes Leben lang…« Mailand wird wieder stumm
und unendlich, verschwindet mit ihr, in einem dunklen,
klammen Ort, der ihr sogar den Namen auflöst und
uns ins klanglose Blut versinken läßt. Doch wir werden es sein,
zusammen werden wir jenes Weinen sein,
das ein Gedicht nicht sagen konnte, jetzt siehst du es,
und auch ich werde es sehen… wir werden es sehen,
jetzt werden wir es sehen… wir alle werden es sehen… jetzt…
… jetzt, da wir wiedergeboren werden.

(Piero Salabè)

Contare i secondi, i vagoni dell'Eurostar, vederti
scendere dal numero nove, il carrello, il sorriso,
il batticuore, la notizia, la grande notizia.
Questo è avvenuto, nel 1990. È avvenuto, certamente
è avvenuto. E prima ancora, il tuffo nel Ticino,
mentre il pallone scompariva. È avvenuto.
Abbiamo visto l'aperto e il nascosto di un attimo.
Le fate tornavano negli alloggi popolari, l'uragano
riempiva un cielo allucinato. Ogni cosa era lì,
deserta e piena, per noi che attendiamo.

(Aus: Il tema dell'addio, 2005)

Nessun gloria in excelsis, ma un groviglio
nervoso, un raschiare di suoni e occhi
fissi all'ingiù, quel niente
che tiene freddo il pensiero, quel tremito
di lampadine e aghi, qualcosa
che s'incarcera dove grida. Il viso
toccava già la sua terra, vedeva lo scorrere
pallido dei fenomeni
                              oh dormi, dissi, dormi
eppure io ero con te
e tu non eri con me.

(Aus: Il tema dell'addio, 2005)

Das Zählen der Sekunden, der Wagen des Eurostar, sehen,
wie du aussteigst, Wagen neun, der Gepäckwagen, das Lächeln,
das Herzklopfen, die Nachricht, die große Nachricht.
1990 ist es passiert. Es ist passiert, mit Sicherheit
ist es passiert. Und davor, der Kopfsprung in den Ticino,
der Ball, der eben verschwand. Es ist passiert.
Wir haben das Offene und Verborgene eines Augenblicks gesehen.
Die Feen kehrten zurück in die Sozialwohnungen, der Sturm
füllte einen entrückten Himmel. Eine jede Sache war da,
leer und voll, für uns Wartende.

(Piero Salabè)

Kein gloria in excelsis, sondern ein Nerven-
Bündel, ein Kratzen von Tönen und Augen
starr nach unten gerichtet, dieses Nichts,
das die Gedanken kaltstellt, dieses Zittern
von Lampen und Nadeln, etwas
das sich einschließt, wo es schreit. Das Gesicht
rührte bereits an seine Erde, sah das bleiche
Gleiten der Erscheinungen
                                            ach schlaf, sagte ich, schlaf
und doch war ich bei dir
und du nicht bei mir.

(Theresia Prammer)

Noi qui, separati dai nostri gesti. Tu blocchi
il flusso dei secondi con un gemito. Componiamo
l'antica rima e subito cadiamo. Le pareti
restano lì, macchiate di rimmel.
L'angelus dell'alba ti guarda, nuda e taciturna.
Oscilla nel respiro la chiave. Ogni porta,
ogni lampadina, ogni spruzzo della doccia dicono
che si è rotta l'alleanza.

(Aus: Il tema dell'addio, 2005)

Hier stehen wir, getrennt von unseren Gesten. Du stoppst
den Fluß der Sekunden mit einem Seufzen. Wir bilden
den altvertrauten Reim und sinken zu Boden. Die Wände
bleiben aufrecht, mit Wimperntusche befleckt.
Der Angelus des Morgens blickt dich an, schweigsam und nackt.
Im Atem vibriert der Schlüssel. Jede Tür,
jede Glühbirne, jeder Strahl aus der Dusche verraten,
daß das Band gerissen ist.

(Theresia Prammer)

Roberto Mussapi

Ritorno dal pianeta

Io sono disceso e lo ricordo,
il pianeta: a poco a poco si spegnevano le luci,
e il sonno saliva dalle finestre, come una marea,
una luce che si spegneva e la radio ancora accesa,
buio e voce.
Chi spossato si addormentava come un animale
nel Tir simile a un gigante pacificato,
immenso e muto sullo spazio dell'autostrada,
vidi gli insonni, la fame, la paura,
la disperazione di chi cercava una dose,
vidi la notte scendere su altri, nel cuore,
corpi che si placavano umidi, abbracciati,
proseguendo il respiro dove le parole hanno fine,
li vidi, addormentati, il molteplice e l'uno,
l'amore dei corpi che si rigenera nel sogno.
E io che credevo di essere luce fui buio,
perché buio era la notte sui mortali e buio il pianto
che da me, come avessi occhi, calava su loro.
Ho guardato, ho visto, credimi, Dio,
non fu inferiore
l'amore tra corpo e corpo, tra persona e persona,
quando abbassarono le persiane cercando un silenzio
più disperato e pieno di tutti i miei voli.
Questo posso testimoniare, questo ho veduto
su quel pianeta dall'alto più piccolo della mia mano,
e che soffrì le acque, il delfino, il tuffatore,
che conobbe la donna e in essa il dolore,
e strade che imitavano la luce di quelle del cielo,
l'asfalto, le automobili,
dove uno accelera e l'altro si affida,
e ognuno sogna un viaggio senza fine,

Roberto Mussapi

Rückkehr vom Planeten

Ich bin, und ich erinnere mich daran, den Planeten
hinabgestiegen: nach und nach verloschen die Lichter,
und der Schlaf kroch an den Fenstern hoch wie die Flut,
ein Licht, das erlosch, und das Radio noch an,
Dunkel und Stimme.
Einer schlief erschöpft ein wie ein Tier,
im Lastwagen, einem besänftigten Giganten gleich,
riesengroß und stumm auf dem Autobahnrastplatz,
ich sah die Schlaflosen, den Hunger, die Angst,
die Verzweiflung dessen, der auf der Suche nach einer Dosis war,
auf andere sah ich die Nacht herabsinken, im Herzen,
Körper, die zur Ruhe kamen, feucht, umschlungen,
dort weiteratmeten, wo Worte ein Ende haben,
ich sah sie, schlafend, das Vielfältige und das Eine,
die Liebe der Körper, die sich im Traum erneuert.
Und ich, der ich glaubte, Licht zu sein, war Dunkel,
denn dunkel war die Nacht über den Sterblichen und Dunkel die Tränen,
die, als hätte ich Augen, von mir auf sie herabfielen.
Ich habe geschaut, habe gesehen, glaub mir, Gott,
nicht geringer war
die Liebe zwischen Körper und Körper, zwischen Person und Person,
wenn sie die Jalousien herabließen, eine Stille suchend,
verzweifelter und voller als all meine Flüge.
Das kann ich bezeugen, das habe ich gesehen,
auf jenem Planeten, der von oben kleiner ist als meine Hand,
und der Wasser ertrug, Delphine und Taucher,
der die Frau kannte und mit ihr den Schmerz,
und Straßen, die das Licht der Himmelsstraßen nachahmten,
Asphalt, Automobile,
wo einer beschleunigt und der andere sich ihm überläßt,
und jeder von einer Reise ohne Ende träumt,

ho visto i fari spegnersi nella notte e voci ronzare
e uno solo nel silenzio con l'autoradio
(sembrava la mia voce)
due che chiedevano fino a quando,
fino a quando, amore?
Li ho accarezzati, ho posato
l'ala sulle loro spalle, ho sfiorato le mani,
le mani che si stringevano nel molteplice e nell'uno,
dal fumo della sigaretta che lei aveva appena acceso
io vidi nei suoi occhi il firmamento,
e il roteare eterno verso una sola luce.
Poi mi allontanai, lasciandoli soli,
nel firmamento, nell'abitacolo, nell'uno
che essi avevano scoperto nella valle del pianto e dell'amore,
e li ricordo,
e quel ricordo vela la trasparenza dei cieli.
Questo ti chiedo, il termine, il tempo,
che paghi l'amore e la separazione
se il tempo li generò e rese vivi
più di me, Dio, più del mio volo.

(Aus: La polvere e il fuoco, 1997)

ich habe die Scheinwerfer verlöschen sehen in der Nacht und Stimmen
    summen,
und einen allein in der Stille mit dem Autoradio
(es schien meine Stimme),
zwei, die fragten, bis wann,
bis wann, Liebe?
Ich habe sie gestreichelt, habe den Flügel
auf ihre Schultern gelegt, habe ihre Hände gestreift,
Hände, die einander hielten im Vielfältigen und im Einen,
am Rauch der Zigarette, die sie sich eben angezündet hatte,
sah ich in ihren Augen das Firmament
und das ewige Kreisen auf ein einziges Licht zu.
Dann entfernte ich mich, ließ sie allein,
im Firmament, in der Kabine, im Einen,
das sie entdeckt hatten im Tal der Tränen und der Liebe,
ich erinnere mich an sie,
und diese Erinnerung verschleiert die Transparenz des Himmels.
Darum bitte ich dich, um die Frist, um die Zeit,
die die Liebe und die Trennung entgelten,
wenn die Zeit sie erschuf und ihnen Leben verlieh,
mehr als mir, Gott, mehr als meinem Flug.

(Barbara Kleiner)

Le voci che parlano all'una di notte
alla segreteria telefonica,
quella un po' alcolica dell'amico che chiama da una festa,
quella dall'accento tedesco che evoca campi,
quella di tanti che non conosci,
poi la madre, in una città lontana su un altopiano,
mentre tu sei distante e percepisci la notte
e la commistione delle voci riudite
e di quelle che nel tempo diurno ti parlarono,
al telefono, o solo dentro di te, i persi,
i tuoi morti, o le voci viventi che ti svegliarono
dal sonno delle basse pressioni, dal sottovivere,
chi ti chiamò dall'ombra sollevandoti nella luce e nel respiro,
tutti presenti e vocanti nel ricordo
di un tasto appena spento.
Non solo la loro voce, la voce impressa,
le altre, quelle che ti fecero diurno e perenne
mentre sciamano le automobili nel silenzio,
e i fari accesi custodiscono il buio,
la radio, l'abitacolo, l'altra voce.

(Aus: La polvere e il fuoco, 1997)

Die Stimmen, die nachts um eins
auf den Anrufbeantworter sprechen,
die leicht alkoholisierte des Freundes, der von einem Fest anruft,
die mit deutschem Akzent, die Felder heraufbeschwört,
die vieler Leute, die du nicht kennst,
dann die Mutter, in einer fernen Stadt auf der Hochebene,
während du weit weg bist und die Nacht vernimmst
und wie sich die abgehörten Stimmen vermischen
mit denen, die tagsüber zu dir sprachen,
am Telefon oder nur in dir, die Verlorenen,
deine Toten, oder die lebenden Stimmen, die dich weckten
aus dem Schlaf bei niedrigem Blutdruck, aus dem gedrosselten Leben,
wer dich rief aus dem Schatten, dich aufhob ins Licht und in den Atem,
alle gegenwärtig und durcheinanderrufend in der Erinnerung
einer gerade abgestellten Taste.
Nicht nur ihre Stimme, die aufgenommene Stimme,
auch die anderen, die dir Tag und Dauer zurückgaben,
während die Autos in der Stille ausschwärmen
und die brennenden Scheinwerfer das Dunkel bewachen,
das Radio, den Innenraum, die andere Stimme.

(Maja Pflug)

A volte nelle mattine piovose, oscillando
tra i corpi transitorii dei passanti, quando
lo specchio è a pezzi nelle vene dei polsi
e i desideri dell'alba pullulano sgraziati
quando la luce non ha vinto e si
compenetra del buio che la precedeva
in una grigia acqua orizzontale, che infradicia
il cammino e la carotide straziata
dal cuscino maledice la grazia
traditrice, tra loro, tra le porte dei bar
e i solchi oscuri dei marciapiedi granitici
la città umida come un sudario avvelenato
respinge le parole nelle canne verdeacide
come spugna d'aceto nel non risveglio
un paesaggio già conosciuto e ancora
sudicio nella palude del diluvio
ti inghiotte e ammala, e l'amore
umido tra i muri senza scorza cerca
un'immagine salata, e lanci occhiate
come luoghi comuni, piene d'odio e d'amore
come se già prima del loro nome corroso
e presente li avessi conosciuti uno per
uno e posseduti mentre ora trascorrono
i passanti come schegge di vetro e da loro
già fossi stato espulso per sempre, lanciato
sul bordo del tuo davanzale scivoloso
tremando per la pietà che si allontana sulle rotaie
protetto non dai muri ma dal
tremolare del mare.

(Aus: Luce fontale, 1998)

Manchmal an regnerischen Vormittagen, schwankend
zwischen den flüchtigen Körpern der Passanten, wenn
der Spiegel zerbrochen ist in den Pulsadern
und die Wünsche der Morgenröte plump durcheinanderwimmeln,
wenn das Licht noch nicht gewonnen hat und mit
der Dunkelheit verschwimmt, die ihm vorausging,
in einem horizontalen grauen Wasser, das den
Weg durchnäßt, und die Halsschlagader, vom Kissen
gepeinigt, die verräterische Anmut
verflucht, dazwischen, zwischen den Türen der Cafés
und den dunklen Rillen der granitenen Bürgersteige
weist die Stadt, feucht wie ein vergiftetes Schweißtuch,
die Wörter zurück in das Schilf, grünsauer
wie essiggetränkter Schwamm im Nichterwachen, und
eine Landschaft, schon bekannt und noch
schmutzig im Sumpf der Sintflut,
verschluckt dich, macht dich krank, und die Liebe,
feucht zwischen den Mauern ohne Schale, sucht
ein salziges Bild, und du wirfst mit Blicken um dich
wie mit Gemeinplätzen, voll Haß und Liebe,
als hättest du sie schon vor ihrem verdorbenen
und gegenwärtigen Namen gekannt und besessen, jeden
einzelnen, während nun die Passanten
vorbeiziehen wie Glassplitter, und als wärst du
schon für immer ausgeschlossen worden, geworfen
an den Rand deines glitschigen Fensterbretts,
zitternd um das Mitleid, das sich auf den Schienen entfernt,
geschützt nicht von den Mauern, sondern vom
Flimmern des Meeres.

(Maja Pflug)

Gianni D'Elia

O vongoline dell'adriatico,
con verdi stelline di prezzemolo, ieri
davanti all'amica, bevendo, ho risentito
il cieco struggimento della vita,

che da sempre essere ho creduto
la poesia. Una gioia mite e dolce,
che dà brividi, immaginando il passato.
Da bambino, avervi devo gustato

in un simile piatto con limoni, là
gialli di sole e di peccato. Buone,
con le palpebre aperte di bambine
che ai cuori, per guardare, sopravvissero.

(Aus: Febbraio, 1985)

Gianni D'Elia

Ach, kleine Venusmuscheln aus der Adria,
mit grünen Sternchen aus Petersilie, erst gestern
beim Trinken, der Freundin gegenüber, packte mich
erneut das Blinde, Herzzerreißende der Dinge,

das ich seit jeher in der Dichtung finde.
Eine Freude, süß und sanft,
in der Erinnerung läßt sie mich schaudern.
Als Kind schon muß ich euch gekostet haben

auf einem solchen Teller, mit Zitronen,
gelb vor Sonne und vor Sünde. Fein,
wie die geöffneten Lider kleiner Mädchen,
die, weil sie sehen wollten, ihre Herzen überlebten.

(Theresia Prammer)

Ma l'antinferno esiste; basta si spenga
la luce delle scale, mentre risali, senza
più sacchetti, la sera del rifiuto quotidiano;

d'improvviso, il buio più pesto e fitto
ti assale, e vai a memoria fino al led
luminoso dell'interruttore a tempo; al piano,

pure, in quel lasso, di gradino in gradino,
il pensiero è colpito dal frattempo
e trasale, traduce, allegorizza il senso

di questo buio inconsapevole, vicino,
dietro il tepore del proprio appartamento,
che dal taglio della porta manda luce

come fosse l'approdo per un naufrago…
di là, c'è lei, la cena, un'altra sera,
e dietro le altre porte gente quasi ignota,

affacciata, come te, alla ringhiera, al niente
di un'esistenza che ignora l'adiacente…

(Aus: Bassa stagione, 2003)

Den Höllenvorhof gibt es, es genügt bereits,
ohne die Tüten, zur täglichen Müllabendzeit
die Treppen hochzusteigen, und das Licht erlischt;

worauf dich plötzlich, schrecklich schwarz und dicht
das Dunkel anfällt, du zurückgehst, dem Instinkt nach bis
zum heimlichen Glimmern des Schalters; im Flur

auf dem Absatz, der Spanne von Stufe zu Stufe,
entwischt das Denken in die Zwischenzeit,
schreckt auf, setzt über, überführt den Sinn

des nahen, ungeahnten Dunkels, gleich
hinter der Wärme der eignen vier Wände,
die ein Licht durch die Türritze senden

wie der rettende Hafen dem Schiffbrüchigen...
und dahinter ist sie, ist das Essen, ein anderer Abend,
und hinter andren Türen Menschen, kaum gekannt,

die sich stützen wie du, auf die Brüstung, das Nichts
des Seins, das nicht mit seinem Gegenüber spricht...

(Theresia Prammer)

Patrizia Valduga

Vieni, entra e coglimi, saggiami provami...
comprimimi discioglimi tormentami...
infiammami programmami rinnovami.
Accelera... rallenta... disorientami.

Cuocimi bollimi addentami... covami.
Poi fondimi e confondimi... spaventami...
nuocimi, perdimi e trovami, giovami.
Scovami... aridimi bruciami arroventami.

Stringimi e allentami, calami e aumentami.
Domami, sgominami poi sgomentami...
dissociami divorami... comprovami.

Legami annegami e infine annientami.
Addormentami e ancora entra... riprovami.
Incoronami. Eternami. Inargentami.

(Aus: Medicamenta e altri medicamenta, 1989)

Che ore nere devi aver passato,
ore per dire anni, dire vita,
fino a questo novembre disperato
di vento freddo, di fronda ingiallita,
padre ingiallito come fronda al fiato
di tutto il vento freddo della vita,
dell'amore frainteso e dissipato,
dell'amore che non ti è stato dato.

(Aus: Requiem, 1994)

Patrizia Valduga

Komm, tritt ein, pflück mich, probier mich…
drück mich und löse mich, peinige mich…
entflamm mich, erneure mich, programmier mich.
Desorientier mich… verlangsame… beschleunige mich.

Koch mich, siede mich, beiß mich… hege mich.
Dann schmelz mich, vermisch mich… erschreck mich…
Beschädige mich, verlier und finde mich, pflege mich.
Erhitze, entflamme, verbrenn mich… entdeck mich.

Drück mich und laß mich, senk und vermehr mich.
Zähme mich, zerschlag mich und verzehr mich…
spalte mich, verschling mich… bezeuge mich.

Binde mich, versenk mich, vernichte mich.
Betäube mich, komm wieder und probier mich.
Kröne mich. Verewige mich. Mit Silber beschichte mich.

(Christine Wolter)

Wie viele trübe Stunden hast du hinter dir,
Stunden, das will sagen, Jahre, ja ein ganzes Leben,
bis zu diesem trostlosen Novembertag
aus kaltem Wind, vergilbten Blättern,
Vater, vergilbt wie Laub mit dem Atem
des ganzen kalten Lebenswindes,
der Liebe, mißverstanden und verraten,
der Liebe, welche man dir vorenthielt.

(Theresia Prammer)

Oh non così! io qui uno sgocciolio?
una lumaca che si squaglia ... io?
col cuore che si scioglie, che mi sciacqua
le viscere, le cosce ... tutta in acqua ...
E se continua, e come dubitarne?,
a poco a poco anche questa carne
si scava la sua via, se ne va via.
Oh, non ancora, no no, non la mia,
non ancora, ho tempo, dicevo, ho tempo.
Ma quale tempo, osso affamato, il tempo
del cane! Ecco, tutto mi è trascorso,
in anni e anni e anni a dar di morso,
in rodermi il cervello a scorza a scorza.
A forza ferma, senza un po' di forza,
delle mie viscere le gambe vesto.
Ma non è questo, non è neanche questo,
forse non ho più gambe, non ho braccia...
Allora senza testa? senza faccia?
e che mi resta? non mi resta niente?
Mi resta la mente. Insperatamente
la mente resta. E non la mente sola.
E quell'altro rigagnolo che scola
è di me anche quello? è già il cervello?
Io qui come una bestia da macello
scuoiata, squartata, appesa a scolare,
come potrei ancora camminare
se la porta è inchiodata? Ah per pietà,
perché non mi si veda, che chissà,
può venire un collasso a chi mi guarda.
Non ne so niente io, non mi riguarda,
ma i miei occhi, oh i miei occhi, le cose
che hanno visto i miei occhi, oh se paurose!
Poi il buio, e la porta s'interpose.

(Aus: Prima antologia, 1998)

Doch nicht so! Dieses Tropfen soll ich sein?
Ich dieser weiche Schneckenschleim?
Und das Herz zerfließt, ist nur noch ein Rinnen
über die Schenkel, den Leib hier innen.
Wenn das so weitergeht – und es wird so gehn –
bleibt nichts von meinem Fleisch,
wird zerfallen und zerflossen sein.
Mein Fleisch doch nicht, noch nicht, ach nein,
noch nicht, rief ich, jetzt nicht, ich hab noch Zeit.
Woher denn, woher nehmen, deine Zeit
ist um, ein nackter Knochen, abgegessen
in jahrelangem Kauen, Beißen, Fressen,
das Hirn zermarternd, nach und nach.
Reglos, gefesselt, kraftlos schwach
gieß ich die Eingeweide über meine Beine –
doch sind es überhaupt noch meine?
Vielleicht hab ich auch keine Arme mehr,
sind Kopf, Gesicht noch unversehrt?
Was bleibt, wo alles schon vergeht?
Mir bleibt der Geist, unverhofft
bleibt mir der Geist, und nicht der Geist allein.
Und dieses Rinnsal hier, was kann das sein
von mir? Ist es das Hirn, ist es schon weich?
Hier lieg ich, einem Schlachtvieh gleich,
zerhackt, gehäutet, aufgehängt zum Mürbewerden,
wie soll ich einen Schritt noch gehn auf Erden,
die Tür ist fest vernagelt. Niemand soll mich sehn,
der Schock – es wär um den geschehen,
der mich erblickt, ich fleh euch an.
Ich aber weiß nichts, nichts geht mich mehr an,
doch meine Augen sahen, meine Augen, ja,
sie sahen Schreckliches, sie sahen, was geschah,
dann schloß die Tür sich, Dunkelheit war da.

(Christine Wolter)

Giovanna Sicari

Trova il nuovo

Trova il nuovo grande come bara
l'amore folle che guarisce, affonda in una morte
che non ricorda, poi qui sarà tutta nuova la cascina
ci sarà la nuova vita, il canto buio degli alberi
il canto disperato degli uccelli, l'ombra degli alberi santi,
né miseria, né carni, né questioni private
solo quella melodia, qualcuno che infantile
scova lentamente
in uno stato d'incendio areremo
entreranno nella casa tutti insieme
con i cori dei salmi.

(Aus: Epoca immobile, 2004)

Alfabeto primitivo

Gli occhi ancora vivi hanno aperto un varco
tu andavi nel mio sereno alfabeto primitivo
loro grattavano pazzi di speranza
noi gravidi parvenù avidi di grazia.

I giovani che camminavano allora in via Poerio
sono ora già morti o scomparsi in quel filo
di terra di bastoni, uno lo ricordo appoggiato
alla ringhiera con una lente fuori posto
vestito di bianco, l'altro semplicemente cantava.

(Aus: Epoca immobile, 2004)

Giovanna Sicari

Finde das Neue

Das große Neue, finde im Schrein
die irre Liebe, die heilt, versinkt in einem Tod
ohne Erinnerung, ganz neu wird der Hof dann
sein, neues Leben wird sein, das dunkle Singen der Bäume
das verzweifelte der Vögel, der Schatten der heiligen Bäume,
weder Leid, noch Leib, noch Liebe,
jene Melodie allein, wie einer als Kind
langsam fündig wird,
unter Flammen werden wir pflügen,
gemeinsam alle das Haus betreten
mit Psalm-Chören.

(Sarah Scheibenberger)

Primitives Alphabet

Es öffneten noch leuchtend die Augen einen Weg,
in mein heiteres primitives Alphabet gingst du ein,
sie gruben verrückt nach Hoffnung,
wir schwerfällige Parvenüs gierten nach Anmut.

Die Jungen, die damals in der Via Poerio flanierten,
sind jetzt schon tot oder verschwunden in jenem Streifen
Erde aus Sprossen, einen erinnere ich gelehnt
ans Geländer mit verschobener Brille
ganz in Weiß, der andere sang einfach.

(Sarah Scheibenberger)

Bimbi nuotano forte

Vivi nel buio appena acceso, amori santi sotto
i colpi del coprifuoco, amori santi in quel mondo antico
che morde nella periferia quel ferro arrugginito, umani
nuotano forte dove si fugge dalla parola, dal ventre esatti.
Clima, stagioni fate presto, fatelo con tutto
il vostro ardore, allenatevi nella nebbia, salite
dove si scansano macerie, su quell'unica auto in corsa,
in quel punto dove partono treni e sulle rotaie
sorride il pianto dei bimbi, i bimbi non sanno
non vedono e hanno la selvaggia preghiera in bocca,
i bimbi nuotano forte, i bimbi dentro la nostra pace.

(Aus: Epoca immobile, 2004)

Kinder schwimmen immerfort

Du lebst im kaum entzündeten Dunkel, heilige Lieben, wenn
die Ausgangssperre verhängt wird, heilige Lieben in jener alten Welt
die am Stadtrand rostiges Eisen verzehrt, Menschen
schwimmen vom Wort immer, vom Schoß eingezogen fort.
Klima, Gezeiten eilt euch, tut es mit all
eurer Glut, übt euch im Nebel, steigt
wo man Trümmer räumt, auf jenes einzige Auto in Fahrt,
wo Züge abfahren und auf Schienen
die Tränen der Kinder lächeln, die Kinder wissen nicht,
sehen nicht und haben das wilde Gebet im Mund,
die Kinder schwimmen immerfort, in unseren Frieden.

(Sarah Scheibenberger)

Remo Pagnanelli

riemergere fra gli dei
prevede l'idea che questi stiano
in alto. È meglio allora che
l'analista padre si adatti
all'ipotesi di lasciarmi abbandonato
sul greto del fiume,
sempre che il suo onorario
non pretenda un sovraprezzo
per la trasformazione da
umano a farfalla.

(Comunque sia, la bocca si allarga
in prossimità dell'acqua
e gli occhi bevono il verde
del parco).

(Aus: Atelier d'inverno, 1985)

le strane fanciulle, le fuggitive attente,
si sono allontanate in fretta dai campi
pomeridiani e vuoti.
Ingrassate e allungate, riposano in qualche
costa orientale che lambisce un diluvio di fiori
e terme dove sciamano rose come bocche diffuse,
nuvole migratorie, alte e pacifiche.

la fuggitiva sotto una pergola di lane assopita
non vede il ragazzo dai capelli rossi…,
è lui a sonargli la corda del sonno,
battendo dolcemente le ali sul corpetto.
(Oh, l'Egitto è lontano, una visione
di piane e montagne.)

Remo Pagnanelli

wiederaufzutauchen unter Göttern
setzt die Vorstellung voraus, daß diese
sich über uns befinden. Besser also,
wenn der Analytiker-Vater sich einstellt
auf die Hypothese, mich auszusetzen
am Kiesbett des Flusses.
Es sei denn, sein Honorar
sähe einen Aufpreis vor
für die Verwandlung von
Mensch zu Schmetterling.

(Wie auch immer, der Mund weitet sich
in der Nähe des Wassers
und die Augen trinken das Grün
des Parks.)

(Theresia Prammer)

die wundersamen Mädchen, flüchtig und bedacht,
flink haben sie sich aus den Feldern fortgemacht
den nachmittäglich leeren.
Fett und ausgestreckt verweilen sie an irgendeiner
Küste des Orients, von einer Sintflut von Blüten benetzt,
und heißen Quellen, die Rosen versprengen wie verschwimmende Münder,
wandernde Wolken, friedvoll und hoch.

die Flüchtende, die unter einer Pergola aus Planen schlummert,
sieht nicht den Jungen mit den roten Haaren…,
er ist es, der an ihrem Schlafesfaden zupft,
zart mit dem Flügel auf den Körper tupft.
(Ach, Ägypten ist weit, ein Gebilde
aus Ebenen und Gebirgen.)

sorelle relegate dalla sciagura in pioppi
squamati ..., un temporale devasta gli argini
di sesamo dalle lingue dorate e celesti.
Poi, fole riunitesi al largo dell'estate,
serrano le inanimate con piene di polvere.

(Aus: Preparativi per la villeggiatura, 1988)

il cielo che le anatre portano con sé,
quando sono la memoria della torba
sporgente a fili sulle labbra
della primavera

quando imbucano le solitudini del mare
e il senso posseggono d'essere esilî privilegiati
resti del corpo naturale
figlie tutte quante dell'orfanità

(Aus: Preparativi per la villeggiatura, 1988)

Schwestern, vom Unheil unter abblätternde
Pappeln verbannt ..., ein Gewitter verheert die Gestade
aus Sesam, mit ihren goldnen oder himmelblauen Zungen.
Dann schlingen sich Böen, in der Weite des Sommers geeint,
um die Bewußtlosen, staubigen Ungestüms.

(Theresia Prammer)

der Himmel, den die Enten mit sich führen,
wenn sie das Andenken des Torfs bedeuten,
der sich in Fäden von den Lippen des Frühlings
hinabzieht

wenn sie die Einsamkeit des Meers beschleichen
und ahnen: sie sind auserlesene Exile
des Naturleibs letzte Hinterbliebene
allesamt Kinder der Waisenheit

(Theresia Prammer)

Antonella Anedda

Residenze invernali, VI

L'erba arde sui tetti e la terra si spacca nell'aiuola. Gli alberi
scuotono sabbia. Silenzio nella città abbandonata e falso
bagliore sul mare. Vento e polvere sui cespi di lattuga.
In questo tempo sconnesso, quando il tuono trascina le case
dentro i fiumi e il ferro esplode nel volo, nel caldo senza
riparo del barbone, abbiamo trascorso il mese di agosto.

Sono venuti giorni di luce opaca
la triste feria di agosto
il silenzio dei platani la quiete
pesante delle vespe
la secca riva del grano.
Sono arrivati pomeriggi chiusi
e notti
colme di sabbia.
Noi abbiamo aspettato
immobili
il passo degli uccelli l'alleggerirsi dell'aria
di sera in sera
fino al primo vento autunnale.

Con un lungo fruscio si muoveranno gli alberi
con uno scroscio di fonte
batteranno il cielo
e l'aria sarà ferma e alta
squarcio di roccia tra le nubi
sigillo sul vuoto dei Bastioni.

C'è un'ardente pazienza nel fiato di settembre
il ponte ruota sull'acqua la casa intiepidisce tra i pini.
Leggero, nel ramo di lentischio il maestrale svolge le bandiere.
Anche noi una sera abbiamo percorso il lungomare

Antonella Anedda

Winterresidenzen, VI

Das Gras glüht auf den Dächern, und im Beet wird die Erde rissig.
Die Bäume schütteln Sand ab. Schweigen in der verlassenen Stadt
und falscher Glanz über dem Meer. Wind und Staub auf den Salatbüscheln.
In dieser zusammenhanglosen Zeit, wenn der Donner die Häuser in
die Flüsse schleift und das Eisen im Flug explodiert, haben wir in
der für den Landstreicher ausweglosen Hitze den August verbracht.

Es sind Tage fahlen Lichts gekommen,
traurige Augustferien,
das Schweigen der Platanen, die drückende
Ruhe der Wespen,
das trockene Ufer des Weizens.
Es sind verschlossene Nachmittage gekommen
und Nächte
voller Sand.
Bewegungslos
haben wir auf den Zug der Vögel
gewartet, auf eine leichtere Brise
Abend für Abend
bis zum ersten Herbstwind.

Mit mächtigem Tosen bewegen sich dann die Bäume,
beim Rauschen der Quellen
schlagen sie gen Himmel
und die Luft steht still und hoch,
Felsenspalte zwischen den Wolken,
Siegel über der Leere der Bastione.

Der Atem des Septembers ist voll glühender Geduld,
die Brücke kreist über dem Wasser, das Haus kühlt zwischen den Pinien ab.
Leicht entrollt der Mistral die Fahnen im Zweig des Mastitbaums.
Auch wir sind eines Abends die Strandpromenade entlanggegangen,

voltando la testa verso caffè illuminati
con la mente intenta a piccole cose
fischiando nel buio come uccelli.

Ora l'ospedale ha vetri colmi
di corpi e lumi di cespugli e visi
adesso il sonno non è che un lieve urto
l'impercettibile accostarsi di una porta
la schiuma
che si raccoglie sui catini.
Noi stendiamo le dita sul lenzuolo
davvero intenti infantilmente soli.
Come allora viene la sera
senza rumore
sulle spalle che crollano nel vuoto
sui colli velati dai pigiami
scende una pace screziata di montagna.

(Aus: Residenze invernali, 1992)

Per un nuovo inverno

    nella morte di A. R.

Se non fosse che questo: giungere a un luogo
esattamente pronunciarne il nome, essere a casa.

Felice inverno adesso che il nuovo inverno è passato
da un inizio per noi ancora senza nome
non diverso dal varco estivo di reti
forse, un cerchio debole di lumi.
Intorno solo piante
che non avresti fatto in tempo a scansare
acqua soffiata sulle pietre – grandine
che mai sapremo se è arrivata col suono
che faceva sui tetti là nel tuo tempo
nella bianca, umana pulizia dei bagni.

haben den Kopf zu den erleuchteten Cafés gewandt,
den Sinn auf unbedeutende Dinge gerichtet
und wie Vögel im Dunkeln gesungen.

Nun hat das Krankenhaus Scheiben
voller Körper und Lichter aus Büschen und Gesichtern,
der Schlaf ist jetzt nur noch ein leichtes Anstoßen,
das unmerkliche Anlehnen einer Tür,
der Schaum,
der sich auf den Schüsseln ansammelt.
Wir strecken die Finger auf den Bettlaken aus,
wirklich mit Bedacht so kindisch allein.
Wie damals wird es lautlos
Abend
über die Schultern, die im Leeren zusammenbrechen,
über die verhüllten Kragen der Schlafanzüge
sinkt ein gesprenkelter Bergfrieden.

(Irmela Heimbacher)

Einem neuen Winter zugeschrieben

    zum Tod von Amelia Rosselli

Wär' es nur das: an einen Ort gelangen,
ganz deutlich seinen Namen sagen, angekommen sein.

Glücklicher Winter jetzt, wo der neue Winter zu Ende ist
nach einem Anfang, für uns immer noch namenlos
nicht anders vielleicht als das sommerliche Überqueren
von Netzen, ein schwacher Lichtkreis.
Ringsum nichts als Pflanzen,
es wär' dir nicht gelungen, ihnen auszuweichen,
Wasser, auf die Steine gehaucht – Hagel,
von dem wir niemals wissen können, ob er diesen Ton mitbringt,
den von den Dächern, dort, in deiner Zeit,
in der weißen, menschlichen Reinheit der Waschräume.

Finora solo passi recisi
che forse ascolti con ardente silenzio
e aria tra gli aranci mossi piano dai vivi.

Vedi qui nulla per la prima volta si perde.
Stamattina hanno battuto la terra
fredda – colma della gioia dell'acqua
ha dimenticato per te
la sbarra della sedia, la nuca rovesciata
il vento del cortile.
Così felice notte ora che di nuovo è notte
e non è vero che il gelo resti
e abbassi piano il pensiero
forse uno scatto invece schiude qualcosa in alto
molto in alto –
una nota
oltre il becco oltre gli occhi lucenti di un uccello
una scheggia di collina – quella laggiù
serrata al tetto verde-bronzo della chiesa.
Felice notte a te
per sempre priva di abisso, una steppa dell'anima-sommessa
dove l'ulivo si piega senza suono
Gerusalemme della quiete
della quiete e del tronco che cerchia e incide la morte
che la succhia nel vuoto e nel vuoto la getta
e la macera piano.

Non ho voce, né canto
ma una lingua intrecciata di paglia
una lingua di corda e sale chiuso nel pugno
e fitto in ogni fessura
nel cancello di casa che batte sul tumulo duro dell'alba
dal buio al buio
per chi resta
per chi ruota.

(Aus: Notti di pace occidentale, 1999)

Bis hierhin nur entschiedene Schritte,
denen du vielleicht mit glühendem Schweigen nachlauscht
und Luft zwischen Orangenbäumen, leise von den Lebenden bewegt.

Siehst du, nichts verliert sich hier zum ersten Mal.
Heut morgen haben sie die kalte Erde
gedroschen – erfüllt von der Freude über das Wasser
hat sie für dich den Balken
des Sessels zurückgelassen, den zurückgeworfenen Nacken,
den Wind im Hof.
Glückliche Nacht jetzt, wo es neuerlich Nacht wird
und es stimmt nicht, daß der Frost den Sieg davonträgt
und langsam den Gedanken niederhält,
vielleicht ist da ein Ruck, der etwas Hohes
äußerst Hohes aufschließt –
eine Note
jenseits des Schnabels, jenseits der leuchtenden Vogel-Augen,
ein Splitter eines Hügels – der dort unten,
gegen das bronzegrüne Dach der Kirche gedrückt.
Glückliche Nacht dir
für immer abgrundlos, Steppe der kleinlauten Seele,
wo der Olivenbaum sich tonlos neigt,
Jerusalem der Ruhe,
der Ruhe und des Baumstamms, der den Tod umringt und einritzt,
der ihn einsaugt in die Leere, in die Leere ihn hinabstößt
und gemächlich zermalmt.

Ich habe keine Stimme und kein Lied,
nur eine Sprache, die mit Stroh verwirkt ist,
eine Seilsprache Salzsprache, verschlossen in der Faust
alle Ritzen abgedichtet
im Gittertor, das auf das harte Grab des Morgengrauens schlägt,
von Dunkel zu Dunkel,
für den, der bleibt
für den, der kreist.

(Theresia Prammer)

Se ho scritto è per pensiero
perché ero in pensiero per la vita
per gli esseri felici
stretti nell'ombra della sera
per la sera che di colpo crollava sulle nuche.
Scrivevo per la pietà del buio
per ogni creatura che indietreggia
con la schiena premuta a una ringhiera
per l'attesa marina – senza grido – infinita.

Scrivi, dico a me stessa
e scrivo io per avanzare più sola nell'enigma
perché gli occhi mi allarmano
e mio è il silenzio dei passi, mia la luce deserta
– da brughiera –
sulla terra del viale.

Scrivi perché nulla è difeso e la parola *bosco*
trema più fragile del bosco, senza rami né uccelli
perché solo il coraggio può scavare
in alto la pazienza
fina a togliere peso
al peso nero del prato.

(Aus: Notti di pace occidentale, 1999)

Wenn ich geschrieben habe, dann aus Sorge,
weil ich in Sorge war um das Leben,
um die glücklichen Wesen
gedrängt im Schatten des Abends,
wegen des Abends, der plötzlich auf die Nacken fiel.
Ich schrieb aus Mitleid mit dem Dunkel
für jedes Geschöpf, das zurückweicht
mit dem Rücken an ein Geländer gedrückt,
wegen des Wartens auf das Meer, ohne Schrei, unendlich.

Schreib, sag ich zu mir selbst,
und ich schreibe, um einsamer in das Rätsel vorzudringen.
Weil die Augen mich ängstigen,
und mein ist das Schweigen der Schritte, mein das öde Licht
– wie im Heideland –
auf der Erde des Weges.

Schreib, weil nichts geschützt ist und das Wort Wald,
zerbrechlicher zittert als der Wald, ohne Äste oder Vögel,
weil nur der Mut die Geduld
heraufgraben kann,
so sehr, bis die Last weicht
von der schwarzen Last der Wiese.

(Susanne Lippert)

Edoardo Albinati

Svelti, in orario di chiusura

Svelti, in orario di chiusura, e lasciando
Il bob di plastica dritto contro la porta
Entriamo nella casa. Il nostro bimbo, inquieto
Ripete molte volte la parola «baffi».
La stanza è nuda, il letto alto, un bello
Specchio incorniciato nell'oro. Dalle altre
Stanze escono indispettiti i pensionanti
Alti e parlanti tedesco. Non abitava là
Nessuno spirito, o forse era di fuori
Dissolto nell'aria ghiacciata, con noi
Che continuavamo a chiederci quando sarebbe
Finita, quando sarebbe finita e chi
Avrebbe pagato quella fine, e come si
Formano davanti al viso ancora allarmanti
Nubi di vapore, fuori, in strada
Dove scivolano grosse macchine tedesche.

Sils-Maria, 2 aprile 1987

(Aus: Elegie e proverbi, 1989)

Edoardo Albinati

Rasch, bei Ladenschluß

Rasch, bei Ladenschluß, und den Plastikbob
Geradewegs gegen die Tür gelehnt,
Treten wir ins Haus ein. Unser Kleiner, wiederholt
Unruhig mehrmals das Wort »Schnäuzer«.
Das Zimmer ist nackt, das Bett hoch, ein schöner
Spiegel in Gold gerahmt. Aus den anderen
Zimmern kommen aufgebracht Gäste
Stattliche und laute Deutschsprecher. Dort lebte
Kein Geist, oder vielleicht war er draußen
Aufgelöst in der eisigen Luft, mit uns
Die wir uns weiterhin fragten, wann es denn
Vorbei sei, wann es denn vorbei sei und wer
Dieses Ende wohl bezahlt hätte, und wie sich
Die bisher beunruhigenden Dampfwolken
Vor dem Gesicht formen, draußen, auf der Straße
Wo dicke deutsche Autos rutschen.

Sils-Maria, 2. April 1987

(Daniel Graziadei)

Ragazze-Stelle

Ci sono ragazze splendenti come stelle che quando ti avvicini
si staccano i raggi di dosso, uno a uno, li ripiegano e
se li mettono in tasca. Tu sei una di quelle?
Leggi in autobus il *Quartetto di Alessandria*
abbracciata alla sbarra verticale, provi
a sottolinearlo con la matita, una ciocca di capelli
ti sfugge da dietro l'orecchio e le righe non vengono dritte
l'autobus arriva troppo presto a destinazione
i concetti restano a metà, sono freddolose le frasi
di lode alla luna che tramonta
ma tu non sei gelosa delle cose pallide
le cose bianche che fanno sognare.

(Aus: Sintassi italiana, 2002)

Die Fledermaus

Ho qualche difficoltà ora che sono morto.
Nessuno che conosca o abbia confidenza
con questi aspetti. Mi erano stati taciuti
i voli più pericolosi. Le ombre dei ripostigli
credevo fossero per una calma palpitante.

Dormivo a testa in giù ed il sussurro
dei fiori che piegavano la testa
dopo avermi cullato mi svegliò.
Era una notte ideale. Tanto attesa.
Seppi subito cosa fare. Un arco. Sì!

Si segue anche al buio. Ai miei fianchi
la punta oscillante degli alberi
e uno sciame di pensieri da attraversare
trattenendo il fiato per non guastarli
con la lebbra del ragionamento.

Mädchen-Sterne

Es gibt Mädchen strahlend wie Sterne, die, näherst du dich,
sich ihrer Strahlen entledigen, eines nach dem anderen, sie zusammenfalten
    und
in die Tasche stecken. Bist du eine von ihnen?
Du liest im Bus das *Alexandria-Quartett*
während du die senkrechte Stange umarmst, versuchst du
mit einem Bleistift zu unterstreichen, eine Haarsträhne
entwischt dir hinterm Ohr, die Zeilen werden ungerade,
der Bus erreicht zu früh sein Ziel,
die Begriffe verbleiben auf halbem Weg, verfroren sind die Sätze
des Lobes an den Mond, der untergeht,
aber du bist nicht eifersüchtig auf die bleichen Dinge
die weißen Dinge, die träumen lassen.

(Daniel Graziadei)

Die Fledermaus

Ich habe einige Schwierigkeiten, jetzt da ich tot bin.
Niemand, der kundig wäre oder vertraut wäre
mit solchen Dingen. Mir waren die gefährlichsten Flüge
verschwiegen worden. Die Schatten der Abstellkammern,
dachte ich, dienten einer pulsierenden Ruhe.

Ich schlief kopfüber, und das Gemurmel
der Blumen, die das Haupt beugten,
weckte mich, nachdem sie mich gewogen hatten.
Es war eine ideale Nacht. Langes Warten.
Ich wußte sofort, was zu tun war. Ein Bogen. Ja!

Man folgt auch im Dunkeln. Neben mir
die schwingenden Gipfel der Bäume
und ein Schwarm an Gedanken, den es zu überqueren galt,
mit angehaltenem Atem, um sie nicht zu verderben,
mit dem Aussatz der Argumentation.

O del divertimento.

Io non sapevo che al mondo esistesse
un dolore simile, lo provai.
Vidi le stelle, ovunque. Tremavano.
Il cielo si piegò ad ascoltare
le ultime frasi dette rotolando
tra le lenzuola del corredo
«apriti, amore, non facciamo tardi»

e ora che siamo morti tutti quanti
la ragazza bianca sepolta in un paese lontano
l'alba ritorna stranamente luminosa!

(Aus: Sintassi italiana, 2002)

Oder der Unterhaltung.

Ich wußte nicht, daß auf der Welt ein ähnlicher
Schmerz existierte, ich probierte ihn.
Ich sah die Sterne, überall. Sie bebten.
Der Himmel beugte sich, um zuzuhören,
den letzten Sätzen gesagt im Wälzen
zwischen den Bettlaken der Aussteuer
»öffne dich, Liebe, verspäten wir uns nicht«,

und jetzt da wir alle zusammen tot sind,
das weiße Mädchen in einem fernen Land begraben,
kehrt die Dämmerung seltsam licht zurück!

(Daniel Graziadei)

Alessandro Ceni

I giganti nella stanza di mio padre

Bambino nel corridoio davanti la porta
da cui soltanto si usciva
venivi a deporre con fede
pezzetti rubati alla terra,
la nuca e il collo nuovo:

generavo frasche da potature e
vegetali dai fori dei vasi,
il duro scudo del girasole
in cui vedevi nuotare
gli animaletti in una goccia d'acqua,
sostarvi i mestieri
con la pialla e le tenaglie le
mille e mille falci della tua fine;

ma già l'astronomia delle piante e delle pietre
ruotava nello spazio dove vagando si perdeva
l'ultimo d'un intero equipaggio
e tutto era vetro e silenzio:
«Questa è la veglia, quindi»
e mi disponevo attorno
alla porta che mai si entrava
offerente tra le offerte
dono tra i doni
mentre il sonno vaporava sui miei cavalli fermi al palo:

accendevo le torce, preparavo il bivacco
e intanto anche risalivi al puntino di luce
dal fondo della prateria cadenzando una voce,
che ti si potesse udire, di coyote;
e di voi ogni tanto al di là

Alessandro Ceni

Die Riesen im Zimmer meines Vaters

Kind im Flur vor der Tür
aus der man nur heraustrat
du kamst um im Vertrauen abzulegen
der Erde entwendete Stückchen,
den Nacken und den neuen Hals:

ich erzeugte Laub aus Beschnitt und
Pflanzen aus den Löchern der Blumentöpfe,
den harten Schild der Sonnenblume
in dem du schwimmen sahst
die Tierchen in einem Wassertropfen,
die Arbeiten ruhen dort
mit der Hobel und der Zange die
tausend und tausend Sensen deines Endes;

doch schon die Astronomie der Pflanzen und der Steine
kreiste im Weltraum wo sich irrend verlor
der letzte einer ganzen Mannschaft
und alles war Glas und Stille:
»Dies also ist die Wache«
und ich stellte mich vor
die Tür in die man niemals eintrat
Bietender unter Angeboten
Geschenk unter Geschenken
während auf meinen Pferden regungslos am Pfahl der Schlaf verdampfte:

ich zündete die Fackeln an, ich bereitete das Biwak vor
und inzwischen stiegst du auch wieder hoch zum Lichtpünktchen
aus dem Grund der Prärie skandiertest du eine Stimme
damit man dich hören konnte, eines Kojoten;
und eure, manchmal, aus dem Jenseits

io seduto e io in cammino
sentivamo un sospiro d'intelligenza profondo
di suprema melanconica conoscenza di yeti.

(Aus: La natura delle cose, 1991)

Io sto qui e da qui
vedo collassare le stelle, implodere i volatili,
cabrare verso il loro dio le nubi
per poi precipitare in lacrime e piogge;
vedo cadere tutto e tutto
ininterrottamente
la foglia, l'ala, il vento
che incitano il bambino giù dal tetto
e la polvere dalla tasca buona del cadavere,
persino volare in aria per un momento
l'erba tosata, la cenere dal vertice del falò
ma senza che mai nulla
giunga mai veramente al suolo,
così che la lacrima resta nel suo occhio, la pioggia nella sua nube.
Io, dalle volute di fumo umide e
dalle pire collinari e dai roghi contadini, credo
siano venuti degli uomini, credo,
ad ardere i campi e con essi la mia vita;
sia lode a loro perché da qui l'illusione è perfetta:
i figli cessano di crescere i genitori non muoiono
in ogni frutto traspare la sua gemma:
rivedo mio padre quando aprì la botola
e discese nel buio e nulla seppe mai più di me,
riodo i fischioni di richiamo lanciati verso qualcuno che non torna,
ed ecco spiegata la ragione del pesce elettrico
negli abissi del mare o perché gli uccelli credono
col loro canto di far sorgere il sole.
Quindi sia lode agli uomini che non dichiarano il proprio amore
e non perdonano e sono spietati
e strappano gli occhi dei fanciulli; sia lode

ich im Sitzen und ich unterwegs
wir hörten einen tiefen Seufzer der Intelligenz
von vortrefflich melancholischer Kenntnis des Yeti.

(Daniel Graziadei)

Ich bin hier und von hier
sehe ich die Sterne kollabieren, das Geflügel implodieren,
die Wolken Kurs aufnehmen auf ihren Gott,
um dann in Tränen und Regen herabzustürzen;
ich sehe jedes und alles fallen,
ununterbrochen
das Blatt, den Flügel, den Wind,
die das Kind vom Dach hinunterdrängen
und das Pulver aus der unversehrten Tasche des Kadavers,
sogar einen Moment in der Luft schweben,
das geschorene Gras, die Asche vom Gipfel des Lagerfeuers,
doch ohne daß jemals irgend etwas
wirklich auf dem Boden ankommt,
so daß die Träne in ihrem Auge bleibt, der Regen in seiner Wolke.
Ich, aus den feuchten Rauchvoluten und
den Feuerplätzen auf den Hügeln und den Scheiterhaufen der Bauern, glaube,
es seien Menschen gekommen, glaube ich,
um die Felder zu verbrennen und mit ihnen mein Leben;
Lob sei ihnen, denn von hier an ist die Illusion perfekt:
die Söhne hören auf zu wachsen, die Eltern sterben nicht,
in einer jeden Frucht scheint ihre Knospe durch:
ich sah meinen Vater wieder, als ich die Falltür aufmachte
und im Dunkeln hinunterstieg, und niemals mehr von mir erfuhr,
ich höre noch einmal das Zurückpfeifen ausgestoßen für jemanden,
    der nicht zurückkehrt,
und somit ist die Ursache für den elektrischen Fisch erklärt
in den Abgründen der Meere oder warum die Vögel glauben
mit ihrem Gesang die Sonne aufgehen zu lassen.
Daher sei Lob den Menschen, die ihre eigene Liebe nicht bekunden
und nicht verzeihen und unbarmherzig sind,

a quelli che come l'agrostide combustano l'intera loro esistenza
e lo stecco d'erba duro e secco della propria intelligenza
fino alla follia, covone dopo covone, con metodo,
contraendosi ed espandendosi nel fiato di fiamme della vita
per abituarti a guardare ogni cosa
come da dietro una vampa.

(Aus: Mattoni per l'altare del fuoco, 2002)

die den Kindern die Augen ausreißen; Lob sei
jenen, die wie die Straußgräser ihre gesamte Existenz verlodern
und den harten und trockenen Grashalm der eigenen Intelligenz
bis hin zum Wahnwitz, Garbe um Garbe, methodisch,
sich zusammenziehend und ausdehnend im Atem der Flammen des Lebens,
um dich dran zu gewöhnen ein jedes Ding zu schauen
wie hinter einer Stichflamme.

(Daniel Graziadei)

Gabriele Frasca

calcare

su questa pietra stampa questa pietra
quanto resta di pelle che fu tesa
fin quando steso tese la sua tetra
crosta l'asciutto stampo dell'attesa
con cui ciascuno fra i midolli scruta
quel che sarà dell'ultima venuta

ricalcare

così se seguitai seguirti dammi
il senso dell'impronta da seguire
per calcare la strada degl'inganni
senza aver sempre voglia di finire
finire col ringhiare contro il cielo
se la corolla crolla sullo stelo

(Aus: Rame, 1984)

Dissestina

non le parole canto ma quei pezzi
nel disarticolarsi delle cose
con il lavoro ottuso degli attrezzi
per dirti fermo in poche strette pose
fra i cocci in cui frantumi e che disprezzi
mentre trascorri strade scivolose

mentre trascorri strade scivolose
non le parole canto ma quei pezzi

Gabriele Frasca

abdruck

auf diesen stein druckt dieser stein
das was vom häutchen spannend bleibt
bis schließlich seine düstre kruste breit
der trockne abzug der erwartung streckt
mit dem ein jeder tief im mark entdeckt
was sich im letzten ansatz regt

nachdruck

und folg ich dir auch folgsam weiter auf den fuß
weis mir die richtung dieser spur der nachzugehen
den weg des irrtums der begangen werden muß
ohne nachdrücklich auf dem ende zu bestehen
schlußendlich grollend sich zum himmel wenden
da wo die dolde golden auf dem stiel verendet

(Theresia Prammer)

entsestine

nicht wörter setzen, sondern diese teilchen
beim auseinanderfallen der weichen
im ziellosen treiben der zeichen
dich festzuhalten auf bestimmten seiten
zwischen scherben, splittern und verweisen
auf glatten straßen leise gleiten

auf glatten straßen leise gleiten
nicht wörter setzen, sondern diese teilchen

fra i cocci in cui frantumi e che disprezzi
nel disarticolarsi delle cose
per dirti fermo in poche strette pose
con il lavoro ottuso degli attrezzi

con il lavoro ottuso degli attrezzi
mentre trascorri strade scivolose
per dirti fermo in poche strette pose
non le parole canto ma quei pezzi
nel disarticolarsi delle cose
fra i cocci in cui frantumi e che disprezzi

fra i cocci in cui frantumi e che disprezzi
con il lavoro ottuso degli attrezzi
nel disarticolarsi delle cose
mentre trascorri strade scivolose
non le parole canto ma quei pezzi
per dirti fermo in poche strette pose

per dirti fermo in poche strette pose
fra i cocci in cui frantumi e che disprezzi
non le parole canto ma quei pezzi
con il lavoro ottuso degli attrezzi
mentre trascorri strade scivolose
nel disarticolarsi delle cose

nel disarticolarsi delle cose
per dirti fermo in poche strette pose
mentre trascorri strade scivolose
fra i cocci in cui frantumi e che disprezzi
con il lavoro ottuso degli attrezzi
non le parole canto ma quei pezzi

perché se in pezzi vivono le cose
solo agli attrezzi devono le pose
che tu disprezzi come scivolose

(Aus: Prime, 2007)

zwischen scherben, splittern und verweisen
beim auseinanderfallen der weichen
dich festzuhalten auf bestimmten seiten
im ziellosen treiben der zeichen

im ziellosen treiben der zeichen
auf glatten straßen leise gleiten
dich festzuhalten auf bestimmten seiten
nicht wörter setzen, sondern diese teilchen
beim auseinanderfallen der weichen
zwischen scherben, splittern und verweisen

zwischen scherben, splittern und verweisen
im ziellosen treiben der zeichen
beim auseinanderfallen der weichen
auf glatten straßen leise gleiten
nicht wörter setzen, sondern diese teilchen
dich festzuhalten auf bestimmten seiten

dich festzuhalten auf bestimmten seiten
zwischen scherben, splittern und verweisen
nicht wörter setzen, sondern diese teilchen
im ziellosen treiben der zeichen
auf glatten straßen leise gleiten
beim auseinanderfallen der weichen

beim auseinanderfallen der weichen
dich festzuhalten auf bestimmten seiten
auf glatten straßen leise gleiten
zwischen scherben, splittern und verweisen
im ziellosen treiben der zeichen
nicht wörter setzen, sondern diese teilchen

denn wenn die dinge ihren teilchen weichen
verdanken sie ihr sein allein den zeichen
die du zurückweist weil sie zu sehr gleiten

(Theresia Prammer)

Valerio Magrelli

Non ho un bicchiere d'acqua
sopra il letto:
ho questo quaderno.
A volte ci segno parole nel buio
e il giorno che segue le trova
deformate dalla luce e mute.
Sono oggetti notturni
posati ad asciugare,
che nel sole s'incrinano
e scoppiano. Restano pezzi sparsi,
povere ceramiche del sonno
che colmano la pagina.
È il cimitero del pensiero
che si raccoglie tra le mie mani.

(Aus: Ora serrata retinae, 1980)

La variazione della parola
fa scivolare il pensiero
lungo la pagina.
Come uno spettro luminoso
il verbo lentamente muta
e trascolora.
Sono innesti graduali,
ogni segno conosce
un'alba ed una sera.
A volte muoiono
popoli di vocaboli
secondo le carestie
silenziose della mente.
Capita anche che giungano sul foglio
nomi improvvisi, nomadi

Valerio Magrelli

Ich habe kein Glas Wasser
über dem Bett:
dieses Heft habe ich.
Bisweilen male ich darein Worte im Dunkeln
und der Folgetag findet sie
entstellt vom Licht und stumm.
Nächtliche Objekte,
zum Trocknen gelegt,
werden sie in der Sonne brüchig,
brechen. Es bleiben lose Stücke,
bloße Keramiken des Schlafs, die
die Seite verschütten.
So hebt sich der Friedhof der Gedanken
zwischen meinen Händen auf.

(Sarah Scheibenberger)

Die Wandlung des Wortes
läßt den Gedanken
die Seite entlanggleiten.
Wie ein Lichtspektrum
wechselt langsam das Verb Form
und Farbe.
Allmähliche Veredelungen,
und ein jedes Zeichen kennt
Morgen und Abend.
Bisweilen sterben
Vokabelvölker
an stummer Not
des Geistes.
Auch geschieht, daß aufs Blatt
ungehörte Namen gelangen, Nomaden

che vagano qualche tempo
prima di ripartire.
Io osservo tutto questo
perché sono il custode del quaderno
e prima della notte faccio il giro
per chiuderne le porte.

(Aus: Ora serrata retinae, 1980)

Porta Westfalica

Una giornata di nuvole, a Minden,
su un taxi che mi porta
in cerca di queste due parole.
Chiedo in giro e nessuno sa
cosa indichino – esattamente, dico –
che luogo sia, dove, se una fortezza
o una chiusa. Eppure il nome brilla
sulla carta geografica, un barbaglio,
nel fitto groviglio consonantico, che lancia
brevi vocali luminose, come l'arma
di un uomo in agguato nel bosco.
Si tradisce, e io vengo a cercarlo.
Il panorama op-art si squaderna tra alberi
e acque, mentre i cartelli indicano ora
una torre di Bismark, ora il mausoleo di Guglielmo,
la statua con la gamba sinistra istoriata
dalla scritta: «Manuel war da»,
incisa forse con le chiavi di casa, tenue
filo dorato sul verde del bronzo,
linea sinuosa della firma, fiume
tra fiumi. Lascio la macchina, inizio a camminare.
Foglie morte, una luce mobile, l'aria gelata,
la fitta di una storta alla caviglia,
io, trottola che prilla, io,
vite che si svita. Nient'altro.

die manche Zeit umherziehen
bis sie abreisen.
Ich beobachte all dies
da ich der Hüter des Heftes bin
und bevor es Nacht wird mache ich die Runde
und schließe die Pforten.

(Sarah Scheibenberger)

Porta Westfalica

Ein Wolkentag, in Minden,
in einem Taxi, das mich mitnimmt
auf die Suche nach diesen zwei Worten.
Ich hör' mich um und keiner kann mir sagen,
was sie bezeichnen sollen – genau, meine ich –
für welchen Ort sie stehen, wo, ob für eine Festung
oder eine Schleuse. Und doch glänzt dieser Name
auf der Karte, ein Flackern
im dichten Konsonantenknäuel, das kurze
leuchtende Vokale freisetzt, wie die Waffe
eines Mannes, der im Wald verschanzt ist.
Er verrät sich und ich hole ihn aus dem Versteck.
Das Op-Art-Panorama, aufgefächert zwischen Bäumen
und Gewässern, während die Schilder bald
einen Bismarckturm, bald das Wilhelms-Grabmal ankündigen,
die Statue, ihr linkes Bein bekritzelt mit der Aufschrift:
»Manuel war da«, vielleicht
mit den Wohnungsschlüsseln eingeritzt, dünner
goldener Faden auf dem Grün der Bronze,
geschwungene Linie des Namenszugs, Fluß
unter Flüssen. Ich steige aus dem Auto, gehe zu Fuß.
Abgestorbene Blätter, unstetes Licht, die eiskalte Luft,
das Stechen eines verstauchten Knöchels,
ich, schwirrender Kreisel, ich
Schraube, die aufspringt, nicht mehr.

Eppure qui sta il segno, qui
si strozza la terra,
qui sta il by-pass, il muro
di una Berlino idrica in mezzo
a falde freatiche, bacini artificiali,
e la pace e la guerra e la lingua latina.
Niente. E mentre giro nella foresta penso
all'autista che attende perplesso,
all'autista che attende perplesso
e ne approfitta per lavare i vetri
mentre nel suo brusìo
sotto il cruscotto scorre sussurrando
il fiume del tassametro, l'elica del denaro,
diga, condotto, sbocco, chiusa dischiusa, aorta,
emorragia del tempo e valvola mitralica,
Porta Westfalica della vita mia.

(Aus: Esercizi di tiptologia, 1992)

Und doch, hier ist das Zeichen, hier
wird die Erde gepreßt,
hier ist der Bypaß, die Mauer
eines Hydro-Berlin, inmitten
von Grundwassern, künstlichen Becken
und der Frieden und der Krieg und die lateinische Sprache.
Nichts. Und während ich durch den Wald streife, denke ich
an den Fahrer, der da ratlos sitzt,
an den Fahrer, der da ratlos sitzt
und die Gelegenheit zum Scheibenputzen nützt,
während sich unter dem Armaturenbrett
mit seinem Gesurre flüsternd weiterdreht
der Fluß des Taxameters, der Propeller des Geldes,
Staudamm, Mündung, Kanal, entschlossene Schleuse, Aorta,
Mitralkappe, Blutsturz der Zeit,
Porta Westfalica meines Seins.

(Theresia Prammer)

Fabio Pusterla

Le parentesi

L'erosione
cancellerà le Alpi, prima scavando valli,
poi ripidi burroni, vuoti insanabili
che preludono al crollo, gorghi. Lo scricchiolio
sarà il segnale di fuga: questo il verdetto.
Rimarranno le pozze, i montaruzzi casuali,
le pause di riposo, i sassi rotolanti,
le caverne e le piane paludose.
Nel Mondo Nuovo rimarranno, cadute
principali e alberi sintattici, sperse
certezze e affermazioni,
le parentesi, gli incisi e le interiezioni:
le palafitte del domani.

(Aus: Cocessioni all'inverno, 1985)

A Nina che ha paura

Gli scricchiolii notturni e quel silenzio
irreale: foglie, voci lontane, uno sciacquìo
forse di grossi pesci nel lago. Anche la luna
che passa ha la sua voce
lunare, di capra gialla. Ed è il tuo turno,
stavolta, di vegliare
su me, sul mio respiro
che ogni poco svanisce nel buio.
Ma non pensarci, se puoi,
non preoccupartene;
so troppo bene cos'è svegliarsi di notte,

Fabio Pusterla

Die Einschübe

Erosion wird
die Alpen austilgen, sie gräbt zuerst Täler,
dann steile Schluchten, unheilbare Leeren,
Einsturzvorspiele, Strudel. Knirschlaute geben
das Zeichen zur Flucht. So ist es verfügt.
Bleiben die Seelein, mitunter ein Berglein,
die ruhigen Zeiten, die kollernden Steine,
die Höhlen, das moorige Flachland.
Und in der Neuen Welt, nach dem Sturz der
Hauptsätze und Konstruktionen, nach dem Verschwinden
der Gewißheiten und der Bekräftigungen,
bleiben die Einschübe, Zwischen- und Ausrufe:
Pfahlbauten für morgen.

(Hanno Helbling)

Für Nina, die Angst hat

Das Rascheln in der Nacht und die Stille, die keine ist:
Blätter, entfernte Stimmen, ein Aufklatschen im Wasser
vielleicht von großen Fischen. Auch der Mond,
wenn er vorüberzieht, hat seine Stimme,
mondziegengelb. Und diesmal ist es an dir,
über mich zu wachen,
über mein Atmen,
das hin und wieder im Dunkel verschwindet.
Doch wenn du kannst, mach dir keine Gedanken,
sei nicht besorgt; ich weiß nur zu gut,
was es heißt, in der Nacht zu erwachen,

tendere invano l'orecchio, maledire
il nulla che ti attornia,
un muro inerte.

(Aus: Pietra sangue, 1999)

Appunti di un'estate

Lucciole? Lucciole, no; però un culverde
a giugno, tra i cespugli, balenava.
Lo si poteva raccogliere
immobile dentro il cavo di una mano,
luminoso. E cosa dire dell'erba
quando nasce? Del ruscello?
Dell'acqua che non si vede, eppure scorre?
Alte pianure respirano
quiete tra le montagne, e sono prati.
Nomi di bestie: la volpe, la faìna.
E la segale, ricorda, quando il vento
la scuote appena, la increspa, e dalla segale
sale un fruscìo notturno, un richiamo lontano
verso le case e il sonno dei bambini.
Anche la segale, sì, anche l'acqua, e le poche luci.

(Aus: Pietra sangue, 1999)

vergeblich zu lauschen, das Nichts zu verwünschen,
das dich umschließt,
eine reglose Mauer.

(Hanno Helbling)

Aufzeichnungen eines Sommers

Glühwürmchen? Glühwürmchen nein; nur das Aufglänzen
eines Grünschwänzchens, im Juni, zwischen den Büschen.
Man konnte es aufheben
reglos, im Hohl einer Hand,
und leuchten sehen. Und was sagen vom Gras,
wenn es aufkeimt? Was vom Bach?
Vom Wasser, unsichtbar, doch fließend?
Hohe Ebenen atmen
leise zwischen den Bergen, und sind Wiesen.
Namen von Tieren: der Marder, der Fuchs.
Und der Roggen, denk nur, wenn der Wind
ihn ein kleinwenig aufstört, ihn kräuselt, und ein nächtliches
Rauschen sich abhebt, vom Roggen, ein ferner Lockruf
hin zu den Häusern und dem Schlafen der Kinder.
Auch der Roggen, ja, auch das Wasser, und die vereinzelten Lichter.

(Theresia Prammer)

Anhang

Die Dichter: Leben und Werk

Edoardo Albinati wurde 1956 in Rom geboren, wo er seit zwanzig Jahren als Lehrer im Gefängnis von Rebibbia arbeitet. Seine lyrische Produktion alterniert er mit Prosawerken, besonders hervorzuheben sind dabei der Erzählungsband *Arabeschi della vita morale* (1988) sowie die Romane *Orti di guerra* (1997/2007) und *Svenimenti* (2004). Seine wichtigsten lyrischen Publikationen sind *Elegie e proverbi* (1989), die Langgedichte *La comunione dei beni* (1995), *Mare o monti* (1997 mit Paolo Del Colle) und der Gedichtband *Sintassi italiana* (2002). Albinati, der dem Publikum mehr als Romancier bekannt ist, gehört zu den interessantesten Lyrikern der jüngeren Generation. Seine Gedichte haben eine starke narrative Ausrichtung und einen ausgeprägten Sinn für den Rhythmus, der sich nicht nach den traditionellen italienischen Metren richtet, sondern versucht, die natürliche Atembewegung nachzubilden. Albinatis Lyrik, die das Abgründige im gewöhnlichen, alltäglichen Leben erkundet, ist ein genauer Seismograph der zeitgenössischen italienischen Gesellschaft.

Svelti, in orario di chiusura   In: Elegie e proverbi, 1989 (© 1989 Ugo Guanda Editore S.p.A., Mailand)
Ragazze-Stelle / Die Fledermaus   In: Sintassi italiana, 2002 (© 2002 Ugo Guanda Editore S.p.A., Mailand)

Antonella Anedda (Anedda-Angioy) wurde 1955 in Rom geboren. Nach Lehraufträgen an den Universitäten in Siena und Rom unterrichtet sie derzeit Italienische Literatur an der Universität von Lugano. Außer ihrem Debüt *Residenze invernali* (1992) veröffentlichte sie die Gedichtbände *Notti di pace occidentale* (1999), *Il catalogo della gioia* (2003), *Dal balcone del corpo* (2007) und *Salva con nome* (2012). Darüber hinaus verfaßte sie mehrere kunst- und literaturkritische Essays und übersetzte sowohl klassische als auch zeitgenössische Lyrik. Hervorzuheben sind ihre Übertragungen aus dem Französischen, insbesondere der Gedichte Philippe Jaccottets. Von den Dichtern der jüngeren Generation erfährt Anedda sowohl bei Kritikern als auch bei einem breiten Publikum Zustimmung. Ihre Lyrik zeichnet sich durch eine außergewöhnliche formale Sorgfalt (Klarheit der

Wortwahl, gezielter Einsatz rhetorischer Figuren, feines Gespür für Rhythmus) und eine besondere Aufmerksamkeit für Momente der Veränderung, des Übergangs und der Vergänglichkeit aus.

Residenze invernali, VI   In: Residenze invernali, 1992 (© 1992 Crocetti Editore, Mailand)
Per un nuovo inverno / [Se ho scritto è per pensiero]   In: Notti di pace occidentale, 1999 (© 1999 Antonella Anedda e Donzelli Editore s.r.l., Rom)

Pier Luigi Bacchini, 1927 in Parma (Emilia Romagna) geboren, debütierte 1954 mit dem Gedichtband *Dal silenzio di un nulla*. Weitere Bände folgten, darunter *Canti familiari* (1968) und *Distanze, fioriture* (1981). Der Durchbruch gelang Bacchini 1993, als er für *Visi e foglie* mit dem renommierten Viareggio-Preis ausgezeichnet wurde. Charakteristisch für seine Lyrik ist eine intensive Auseinandersetzung mit den Naturwissenschaften, insbesondere mit der Biologie, der Geologie und der Medizin. In der Tradition des Lukrez profitiert er vom Wissen seiner Epoche, um die Natur in ihrer Vielfalt zu beschreiben. Exemplarisch für diese an Francis Ponge erinnernde Poetik sind die zuletzt erschienenen Bände *Scritture vegetali* (1999) und *Contemplazioni meccaniche e pneumatiche* (2005), mit denen Bacchini sich als einer der wichtigsten italienischen Dichter der Gegenwart etabliert hat.

Preghiera sotta la quercia   In: Scritture vegetali, 1999 (© Pier Luigi Bacchini)
Il tuono   In: Contemplazioni meccaniche e pneumatiche, 2005 (© Pier Luigi Bacchini)

Ferruccio Benzoni wurde 1949 im Küstenort Cesenatico (Emilia Romagna) geboren, wo er 1997 starb. Zusammen mit den befreundeten Dichtern Stefano Simoncelli und Walter Valeri gründete und leitete er die Zeitschrift *Sul Porto*. Nach den ersten Veröffentlichungen in Anthologien erschien 1986 sein erster Gedichtband *Notizie dalla solitudine*. Es folgten *Fedi nuziali* (1991), *Numi di un lessico figliale* (1995) sowie posthum *Sguardo dalla finestra d'inverno* (1998) und der Sammelband *Canzoniere infimo e altri versi* (2004). Der Kritiker Roberto Galaverni bezeichnet Benzonis Lyrik als eine »Poesie der Abwesenden, der Verschollenen«, die der frühverstorbenen Mutter oder seines 1983 verstorbenen Vorbilds Vittorio Sereni gewidmet ist. So scheint Benzonis Lyrik jedes flüchtige Gespräch, jedes scheinbar irrelevante Detail festzuhalten, um die Präsenz des Abwesenden zu bewahren.

Leggevamo Benn / L'ombra del duellante   In: Numi di un lessico figliale, 1995 (© 1995 Marsilio Editori S.p.A., Venedig)
L'inverno dopo   In: Sguardo dalla finestra d'inverno, 1998 (© 1998 Libri Scheiwiller s.r.l., Mailand)

Attilio Bertolucci, 1911 in Parma geboren und 2000 in Rom gestorben, arbeitete als Literaturkritiker, Übersetzer, Radio- und Fernsehredakteur. Nach seinem ersten Gedichtband *Sirio* (1929) erschienen u. a. der Sammelband *La capanna indiana* (1951), das Langgedicht *La camera da letto* (1984) und die Gedichtbände *Viaggio d'inverno* (1971), *Verso le sorgenti del Cinghio* (1993) und *La lucertola di Casarola* (1997). Bertolucci gehört zu den Klassikern der italienischen Lyrik des 20. Jahrhunderts, obwohl seine intime, erzählerische Dichtung einem »anderen« *Novecento* zu entstammen scheint. Sowohl vom vorherrschenden Hermetismus als auch von den europäischen Avantgarden weit entfernt, steht seine Poesie in einer Tradition, die weder an D'Annunzio noch an Mallarmé, sondern an die präzise, transparente Sprache eines Giovanni Pascoli anschließt. Bertoluccis dichterisches Schaffen ist das herausragende Beispiel einer Poesie, die dem Jahrhundert der Schulen und Strömungen, der Revolutionen und Umbrüche keine Zugeständnisse macht. Ausschließlich einer individuellen Gedächtnispoetik folgend, verliert seine Dichtung nie ihren elegischen, meditativen Ton.

Ritratto di uomo malato / Lasciami sanguinare / 26 marzo / Le farfalle
In: Viaggio d'inverno, 1971 (© 1971, 1984, 1990 Garzanti Editore S.p.A., Mailand)

Franco Buffoni, 1948 in Gallarate bei Mailand geboren, lebt heute in Rom. 1989 gründete der literarische Übersetzer und Professor für Literaturkritik und Komparatistik *Testo a fronte*, eine Zeitschrift zur Theorie und Praxis der Übersetzung. Nach seinem Debüt *Nell'acqua degli occhi* (1979) hat er zahlreiche weitere Gedichtbände publiziert, darunter *Suora carmelitana e altri racconti in versi* (1997), *Il profilo del Rosa* (2000), *Theios* (2001), *Guerra* (2005), *Noi e loro* (2008) und *Roma* (2009). Buffoni ist außerdem der Autor von drei Romanen und einem umfangreichen literaturkritischen Werk. Buffonis laizistische Dichtung oszilliert zwischen Aufklärung und Romantik, zwischen dem Stil der Avantgarde und dem Hermetismus, zwischen politischem Engagement – gegen Intoleranz und Homophobie – und intimen, familiären Erinnerungen. Höhepunkte dieses Parcours sind zweifellos der stark autobiographische Band *Il profilo del Rosa* und das langjährige, dem Motiv des Krieges gewidmete Dichtungsprojekt *Guerra*. Sie werden zu den wichtigsten Leistungen der jüngeren italienischen Lyrik gezählt.

[Tecniche di indagine criminale] In: Il profilo del Rosa, 2000 (© 2000 Arnoldo Mondadori Editore S.p.A., Mailand)
[Si sa benissimo che la città è fondata] In: Del maestro in bottega, 2002 (© 2002 Edizioni Empirìa, Rom)
[Reclinato il capo al tronco] In: Guerra, 2005 (© 2005 Arnoldo Mondadori Editore S.p.A., Mailand)

Giorgio Caproni, 1912 in Livorno geboren, wuchs in Genua auf und übersiedelte 1939 nach Rom, wo er 1990 starb. Nach einem abgebrochenen Musikstudium war er lange Jahre als Grundschullehrer tätig. Caproni debütierte 1956 mit dem Band *Il passaggio di Enea*. Darauf folgten die Gedichtbände *Il seme del piangere* (1959), *Congedo del viaggiatore cerimonioso & altre prosopopee* (1965), *Il muro della terra* (1975), *Il franco cacciatore* (1982) und *Il conte di Kevenhüller* (1986). Darüber hinaus war er Übersetzer (insbesondere aus dem Französischen, u. a. von Baudelaire, Proust und Céline) und Literaturkritiker. Caproni gehört zu den unbekannten Klassikern der italienischen Lyrik des 20. Jahrhunderts. Die einzigartige Musikalität seiner Verse ergibt sich aus dem Kontrapunkt zwischen der metrischen und rhythmischen Perfektion seiner Gedichte und deren melancholischen Motiven, die von der tragischen Erfahrung des Krieges geprägt sind. Besonders die ersten Sammlungen sind von dieser Tonlage gekennzeichnet, das spätere Werk bleibt Capronis vertrauten Themen treu – die Dämmerung, das Wirtshaus, die Orte der Kindheit und Jugend –, öffnet sich jedoch auch neuen, aus dem Theater und dem Roman entnommenen Formen und Motiven.

L'idrometra In: Il muro della terra, 1975 (© 1983, 1989, 1995 Garzanti Editore S.p.A. / 1999 Garzanti Libri)
La caccia In: Il franco cacciatore, 1982 (© 1983, 1989, 1995 Garzanti Editore S.p.A. / 1999 Garzanti Libri)
Il pesce drago In: Il conte di Kevenhüller, 1986 (© 1983, 1989, 1995 Garzanti Editore S.p.A. / 1999 Garzanti Libri)

Der Teichläufer / Die Jagd / Der Drachenfisch In: Gedichte. Italienisch-Deutsch (© 1990 Klett-Cotta Verlag, Stuttgart)

Bartolo Cattafi (1922–1979) wurde in der Provinz von Messina geboren. Nach dem Zweiten Weltkrieg und der traumatischen Erfahrung als Kriegsgefangener zog er nach Mailand, wo der studierte Jurist bis 1967 als Werbefachmann und Dichter lebte. Die letzten Jahre bis zu seinem frühzeitigen Tod verbrachte er wieder auf Sizilien. Cattafi war eine ruhelose und schillernde Persönlichkeit, die nur auf seinen zahlreichen Reisen zwischen Europa und Afrika Frieden zu finden schien. Zu seinen Gedichtbänden zählen *Nel centro della mano* (1951), *Partenza da Greenwich* (1955), *Le mosche del meriggio* (1958), *Qualcosa di preciso* (1961), *L'osso, l'anima* (1964), *L'aria secca del fuoco* (1972) und *L'allodola ottobrina* (1979). Die Lyrik Cattafis ist eine hybride Schöpfung – entstanden zwischen dem »élan vitale« von D'Annunzio und der existentiellen Tonlage Ungarettis. Seine Reisegedichte über Insel- und Grenzerfahrungen zählen zu den besten seines Œuvres.

Partenza da Greenwich In: Le mosche del meriggio, 1958 (© 1978 Arnoldo Mondadori Editore S.p.A., Mailand)
Arcipelaghi In: Qualcosa di preciso, 1961 und L'osso, l'anima, 1964 (© 1964 Arnoldo Mondadori Editore S.p.A., Mailand)
L'angelo custode In: L'osso, l'anima, 1964 (© 1964 Arnoldo Mondadori Editore S.p.A., Mailand)

Abreise aus Greenwich /Archipele / Der Schutzengel In: Zwischen den Zeilen. Eine Zeitschrift für Gedichte und ihre Poetik 3 (1994) (© Raoul Schrott)

Patrizia Cavalli, 1947 in Todi (Umbrien) geboren, lebt seit 1968 in Rom. Nach ihrem Debüt *Le mie poesie non cambieranno il mondo* (1974) veröffentlichte sie mehrere Gedichtbände, darunter *Il cielo* (1981), *L'io singolare proprio mio* (1992) und *Pigre divinità e pigra sorte* (2006). Für *Sempre aperto teatro* (1999) wurde Cavalli mit dem renommierten Premio Viareggio ausgezeichnet. Hervorzuheben sind außerdem ihre Übersetzungen französischer und englischsprachiger Klassiker, insbesondere der Werke von Molière und Shakespeare. Auf deutsch erschien *Diese schönen Tage* (2009), eine Auswahl ihrer von 1974 bis 2006 verfaßten Gedichte. Patrizia Cavalli ist eine der wichtigsten italienischen Dichterinnen der Gegenwart. Kennzeichnend für ihre Lyrik ist eine in Italien seltene Verbindung von Liebesmotiven, scharfsinnigem Humor und sprachlicher Eleganz. Ihre Gedichte gleichen virtuos komponierten Mikrosketchen, in denen Schlüsselbegriffe durch den gezielten Einsatz von Reimen hervorgehoben werden.

[Quando si è colti all'improvviso da salute]   In: Il cielo, 1981 (© 1981 Giulio Einaudi Editore S.p.A., Turin)
[Se ora tu bussassi alla mia porta]   In: L'io singolare proprio mio, 1992 (© 1992 Giulio Einaudi Editore S.p.A., Turin)
[Che ogni dolore ambisca all'agnizione]   In: Sempre aperto teatro, 1999 (© 1999 Giulio Einaudi Editore S.p.A., Turin)

Alessandro Ceni wurde 1957 in Florenz geboren, wo er bis heute lebt. Nach seinem Debüt *Il viaggio inaudito* (1981) veröffentlichte er die Gedichtbände *I fiumi* (1985), *La natura delle cose* (1991) und *Mattoni per l'altare del fuoco* (2002). Zuletzt erschien *La ricostruzione della casa* (2012), eine Auswahl seiner von 1976 bis 2006 verfaßten Gedichte. Außerdem betätigt Ceni sich als Maler und als Übersetzer englischsprachiger Klassiker, darunter Coleridge, Poe, Keats, Stevenson und Melville. Einerseits der visionären Dichtung eines Dino Campana, andererseits der philosophisch-metaphysischen Spekulation des Hermetismus verpflichtet, widersetzt Ceni sich jedem avantgardistischen Skeptizismus. Mit seinem festen Glauben an den absoluten Wert der poetischen Sprache nimmt er eine Sonderstellung in der zeitgenössischen italienischen Literatur ein.

I giganti nella stanza di mio padre   In: La natura delle cose, 1991 (© 1991 Editoriale
Jaca Book S.p.A., Mailand)
[Io sto qui e da qui]   In: Mattoni per l'altare del fuoco, 2002 (© 2002 Editoriale Jaca
Book S.p.A., Mailand)

Giuseppe Conte, 1945 in Imperia geboren, veröffentlichte 1979 seinen ersten
Gedichtband *L'ultimo aprile bianco*. Es folgten mehrere weitere Sammlungen, darunter *L'oceano e il ragazzo* (1983), *Dialogo del poeta e del messaggero*
(1992), *Nuovi canti* (2001) und *Ferite e rifioriture* (2006), für das er mit dem
Premio Viareggio ausgezeichnet wurde. Zusammen mit dem Philosophen
Stefano Zecchi verfaßte Conte 1994 das Manifest des *Mitomodernismo*.
Seine Dichtung, die sowohl Zustimmung als auch heftige Kritik hervorrief,
ist von einer kategorischen Ablehnung des neoavantgardistischen Pro-
gramms gekennzeichnet. Conte bevorzugt eine rein elegische Lyrik, frei
von metapoetischen oder ironischen Tönen. Charakteristisch für seine
Gedichte sind zahlreiche Verweise auf die antiken Mythen und melancholische oder mystische Meditationen.

Estate. Gli scoiattoli al Central Park   In: Le stagioni, 1988 (© 1988 RCS Rizzoli Libri
S.p.A., Mailand)
Fuorché me stesso   In: Diaolgo del poeta e del messaggero, 1992 (© 1992 Arnoldo
Mondadori Editore S.p.A., Mailand)

Maurizio Cucchi lebt in Mailand, wo er 1945 geboren wurde. Nach einem
Literaturstudium begann er als Verlagsberater und Literaturkritiker zu
arbeiten. Cucchis Gedichte wurden in der einflußreichen Anthologie
La parola innamorata. I poeti nuovi 1976–1978 aufgenommen. Nach dem
Debütband *Il disperso* (1976) erschienen zahlreiche Sammlungen, darunter
Le meraviglie dell'acqua (1980), *Glenn* (1982), *Donna del gioco* (1987), *Poesia
della fonte* (1993), *L'ultimo viaggio di Glenn* (1999), *Per un secondo o un secolo*
(2003). Cucchi hat auch Theaterstücke und Romane sowie ein *Dizionario
della poesia italiana* (1983 und 1990) verfaßt und ist auch als Herausgeber
und Übersetzer tätig (u. a. Stendhal, Flaubert, Prévert und Balzac). In
seinem Hauptwerk *Il disperso* akzentuiert Cucchi den expressionistischen
Grundzug der »linea lombarda«. Durch zumeist lange und an die Grenze

zur Prosa stoßende Verse erkundet Cucchi die vergessenen Regionen des Alltäglichen und des Intimen. In den darauffolgenden Bänden wirkt seine Lyrik ätherischer und gefaßter, doch konzertriert sie sich weiterhin vornehmlich auf das Privateste. In Cucchis Fall ist dies die tragische Geschichte des eigenen, sehr geliebten und unbekannten Vaters, die er – wenn auch nur fragmentarisch – zu rekonstruieren versucht.

Il magone   In: Il disperso, 1976 (© 2001 Arnoldo Mondadori Editore S.p.A., Mailand)
[Forse ho imparato che nulla]   In: La luce del distacco, 1990 (© 1990 Crocetti Editore, Mailand)
'53   In: Poesia della fonte, 1993 (© 2001 Arnoldo Mondadori Editore S.p.A., Mailand)

Gianni D'Elia wurde 1953 in Pesaro geboren, wo er noch heute lebt. Nach dem Debütband *Non per chi va* (1980) folgten u. a. *Febbraio* (1985), *Segreta* (1989), *Notte privata* (1993), *Congedo della vecchia Olivetti* (1996), *Bassa stagione* (2003) und *Trovatori* (2007). D'Elia hat auch Romane und Übersetzungen, vor allem aus dem Französischen, verfaßt und sich als Kritiker, insbesondere über Pasolinis Werk, hervorgetan. Zwei Aspekte sind für seine Dichtung charakteristisch: die Suche nach einer traditionsbewußten und dennoch originellen Musikalität des Verses und der von Pasolini inspirierte Sinn für literarisches Engagement. Eine melancholisch-elegische Tonlage prägt seine Gedichte, die von den kleinen Epiphanien, von den Geheimnissen eines Provinzlebens an der Adriaküste und den innerlichen Orten der Erinnerung handeln. D'Elia gilt als eine der originellsten Stimmen der italienischen Lyrik der neunziger Jahre.

[O vongoline dell'adriatico]   In: Febbraio, 1985 (© 1985 Progetti Editoriali s.r.l., Ancona)
[Ma l'antinferno esiste]   In: Bassa stagione, 2003 (© 2003 Giulio Einaudi Editore S.p.A., Turin)

Milo De Angelis, Jahrgang 1951, unterrichtet im Gefängnis Opera in seiner Geburtsstadt Mailand. Er war mit der 2003 verstorbenen Dichterin Giovanna Sicari verheiratet. Nach seinem hochgepriesenen Debüt *Somiglianze* (1976) hat er zahlreiche Gedichtbände veröffentlicht, darunter *Millimetri* (1983), *Terra del viso* (1985), *Distante un padre* (1989), *Biografia sommaria* (1999), *Tema dell'addio* (2005) und zuletzt *Quell'andarsene nel buio dei cortili* (2010). Von seiner lyrischen Produktion sind drei Anthologien erschienen: *Non solo creato* (1990, mit Giovanna Sicari), *Dove eravamo già stati. Poesie 1970–1999* (2001) und *Poesie* (2008). Auf deutsch liegt der Band *Alphabet des Augenblicks* (2013) vor. De Angelis war Initiator der einflußreichen Zeitschrift *Niebo* (1977–1980) und ist auch als Übersetzer hervorgetreten (Lukrez, die Dichter der Anthologia Palatina, Baudelaire, Maeterlinck u. a.). Sowohl bei den Kritikern als auch bei den Kollegen ist De Angelis hochangesehen – selbst bei jenen, die eine radikal unterschiedliche Auffassung von Poesie vertreten. Das liegt an der thematischen und formalen Vielfalt seiner Gedichte. Vor allem jene, die sich noch der aufklärerischen Dichtung der »linea lombarda« verpflichtet fühlen, erkennen sich in seinen großstädtischen, vom Alltag geprägten Lyriklandschaften wieder. Doch der tiefere Grund dieser breiten Anerkennung liegt wohl im tragischen, elegischen Grundton seiner Dichtung. Souverän und originell führt De Angelis in seinen Werken ein in der italienischen Lyrik verloren geglaubtes Dichtungsideal weiter.

La finestra　In: Somiglianze, 1976 (© 2008 Arnoldo Mondadori Editore S.p.A., Mailand)
Cartina muta　In: Biografia sommaria, 1999 (© 2008 Arnoldo Mondadori Editore S.p.A., Mailand)
[Contare i secondi] / Nessun gloria in excelsis, ma un groviglio / Noi qui, separati dai nostri gesti. Tu blocchi　In: Tema dell'addio, 2005 (© 2008 Arnoldo Mondadori Editore S.p.A., Mailand)

Franco Fortini　Der Florentiner Franco Lattes alias Franco Fortini (1917–1994) war Sohn eines jüdischen Vaters und einer katholischen Mutter. Als er 1939 in die protestantische Waldenser Kirche eintrat, nahm er den Namen seiner Mutter an. Fortini war ein überzeugter Marxist und kommunistischer Ketzer und gilt als einer der einflußreichsten und engagiertesten Intellektuellen der italienischen Nachkriegszeit. Nach dem

Debütband *Foglio di via e altri versi* (1946) hat er zahlreiche Lyrikbände veröffentlicht, darunter *Dieci inverni* (1947–1957) (1957), *Poesia ed errore* (1959), *L'ospite ingrato* (1966), *Questo muro* (1973), *Paesaggio con serpente* (1984) und *Composita solvantur* (1994). Unter anderem war Fortini als Professor für Literaturkritik, Verlagsberater und Übersetzer tätig (Goethe, Brecht, Kafka, Proust, Simone Weil). Der philosophische Gestus sowie die Klarheit der Sprache zeichnen Fortinis Lyrik aus. Bereits sein erster Gedichtband *Foglio di via* hebt sich mit seiner exakten Ausdrucksweise vom dominierenden Hermetismus ab. Die Nüchternheit des lyrischen Diktats sowie der aufklärerische Anspruch sind noch im Spätwerk sichtbar: »Ganz klar sind die Dinge zu sehen [...] Die Fragen verlangen nach einer Antwort«.

Gabriele Frasca, 1957 in Neapel geboren, unterrichtet Vergleichende Literaturwissenschaft an der Universität Salerno. Seit dem Debüt mit *Rame* (1984) sind vier weitere Gedichtbände erschienen: *Lime* (1995), *Rive* (2001), *Prime. Poesie scelte 1977–2007* (2007) und *Quevedo, ovvero Perché è più freddo della morte amore* (2009). Frasca hat außerdem Prosawerke (u. a. *Il fermo volere* und *Dai cancelli d'acciaio*) sowie mehrere Essaybände veröffentlicht, insbesondere zur Beziehung zwischen Literatur und Medien. Bekanntheit erlangte er auch durch seine intermedialen Projekte mit Musikern und Komponisten. Frascas Lyrik, dessen bevorzugte Themen der Tod und die Sinnlosigkeit sind, mag zunächst wie eine zerebrale Auseinandersetzung mit den strengsten Formen der italienischen Versschule anmuten. Doch bei näherer Betrachtung erscheint sein komplexes Geflecht aus Metren, Reimen und Alliterationen als ein hochgradig emotionaler Versuch, den

Verlauf einer als Verfall erlebten Zeit zu registrieren, zu messen und ihm möglichst entgegenzuwirken.

calcare / ricalcare   In: Rame, 1984 und Prime. Poesie scelte 1977–2007, 2007 (© 2007 Luca Sossella Editore s.r.l. / Giunti Editore, Rom)
Dissestina   In: Prime. Poesie scelte 1977–2007, 2007 (© 2007 Luca Sossella Editore s.r.l. / Giunti Editore, Rom)

Giovanni Giudici (1924–2011) wurde in Le Grazie, bei La Spezia geboren. Nach einem frühen Umzug nach Rom war er während des Zweiten Weltkriegs im antifaschistischen Untergrund tätig. Später arbeitete er als freier Journalist und war längere Zeit in der Presse- und Werbeabteilung von Olivetti angestellt. Giudici war auch ein wichtiger Literaturkritiker und ein renommierter Übersetzer aus dem Englischen (Pound, Frost, Plath) und slawischen Sprachen (Seifert, Holan, Puschkin). Als Lyriker debütierte er mit dem Band *Fiori d'improvviso* (1953), es folgten die Sammlungen *L'educazione cattolica* (1963), *La vita in versi* (1965), *Autobiologia* (1969), *O Beatrice* (1972), *Salutz* (1986), *Empie stelle* (1982), *Eresia della sera* (1999). Sein Gesamtwerk erschien 2000 unter dem Titel *I versi della vita*. Die frühe Dichtung Giudicis entfernt sich dezidiert vom vorherrschenden Hermetismus und stellt die persönliche Geschichte des Autors, das unmittelbar Biographische in den Mittelpunkt. Dabei verwendet er eine prosaische Sprache, die sich an journalistische Berichte und Reportagen anlehnt. In seinen späteren Werken erfährt dieser Biographismus allerdings eine formal originelle Wende, insbesondere im Band *Salutz* (1986), in dem Giudici seine *Vita* weitererzählt, jedoch mit einer raffinierten Nachahmung der provenzalischen Trobadorlyrik.

L'educazione cattolica I   In: La vita in versi, 1965 (© 2000 Arnoldo Mondadori Editore S.p.A., Mailand)
Asilo   In: O Beatrice, 1972 (© 2000 Arnoldo Mondadori Editore S.p.A., Mailand)
Maestra di enigmi / Non creder l'incredibile   In: Salutz, 1986 (© 2000 Arnoldo Mondadori Editore S.p.A., Mailand)

Vivian Lamarque, 1946 im Dorf Tesero bei Trient geboren, lebt seit ihrer Kindheit in Mailand, wo sie neben ihrer freiberuflichen journalistischen Tätigkeit Italienisch für Ausländer und italienische Literatur unterrichtet. Sie veröffentlichte zunächst in Zeitschriften (u. a. *Paragone* und *Nuovi Argomenti*) und debütierte 1981 mit dem Gedichtband *Teresino*. Danach folgten *Il signore d'oro* (1986), *Poesie dando del Lei* (1989), *Il libro delle ninne nanne* (1989), *Una quieta polvere* (1996) und *Poesie di ghiaccio* (2004). Im Jahr 2002 erschien eine Sammlung ihrer Gedichte, *Poesie 1972–2002*. Vivian Lamarque hat außerdem Erzählungen und Märchen veröffentlicht und war als Übersetzerin tätig (Jean de La Fontaine, Baudelaire, Verlaine, Prévert u.a.). Ihre Lyrik zeichnet sich durch eine märchenhafte, allerdings nur scheinbare Schlichtheit aus, die aus einer tiefergehenden sprachlichen Auseinandersetzung herrührt. Denn die Einfachheit von Versen, die in der Form von Kinderreimen geschrieben sind, erweist sich als »grausam«, wenn sie die intime, verdrängte Biographie des Erwachsenen an den Tag bringt. Die von der Psychoanalyse beeinflußten Gedichte Lamarques irritieren und provozieren durch ihre vermeintliche Naivität und gehören zu den originellsten Schöpfungen der neuen italienischen Lyrik.

Il signore della scatolina / Il signore d'oro   In: Il signore d'oro, 1986 (© 1986 Crocetti Editore, Mailand)
Questa quieta polvere, IX   In: Una quieta polvere, 1996 (© 1996 Arnoldo Mondadori Editore S.p.A., Mailand)

Franco Loi, 1930 in Genua geboren, wuchs in Mailand auf. 1973 veröffentlichte er seinen ersten Gedichtband *I cart*. Es folgten zahlreiche weitere Bände, darunter *Stròlegh* (1975), *Teater* (1978), der Versroman *L'Angel* (1981), *Isman* (2002) und *Voci d'osteria* (2007). 2005 erschien eine Auswahl seiner Gedichte unter dem Titel *Aria de la memoria*. Franco Loi gehört zu den interessantesten dialektalen Lyrikern Italiens. Die Sprache seiner Dichtung kann als originelle Variante des Mailänder Dialekts beschrieben werden. Sowohl die Wortwahl als auch die Schreibweise seiner Texte sind von einer Annäherung an die gesprochene Sprache – das »parlato« – gekennzeichnet. Während Lois Frühwerk von einem populär-expressionistischen Stil und dem marxistischen Hintergrund des Dichters geprägt ist, weist seine Dichtung ab Anfang der achtziger Jahre einen meditativen, fast religiösen Ton und wiederkehrende atmosphärische Elemente auf.

[Vöna quaj nòcc d'assogn, de la pecolla]   In: I cart, 1973 und Aria de la memoria. Poesie scelte 1973–2002, 2005 (© 2005 Giulio Einaudi Editore S.p.A., Turin)
[La nêv denter la nêv l'era 'na nêv]   In: El vent, 2000 und Aria de la memoria. Poesie scelte 1973–2002, 2005 (© 2005 Giulio Einaudi Editore S.p.A., Turin)

Mario Luzi (Florenz, 1914–2005) ist eine Schlüsselfigur in der Geschichte der italienischen Lyrik des *Novecento*, nicht nur weil er das gesamte »kurze 20. Jahrhundert« erlebte, sondern auch weil seine Gedichte die Veränderungen des kulturellen und geistigen Klimas Italiens präzise reflektieren. Vom Mallarméschen Ideal der »poésie pure« der ersten Gedichtbände, zur Verwendung von umgangssprachlichen Registern in der mittleren Phase, bis zur erhabenen und kristallinen Sprache im Spätwerk ist der Dichter Mario Luzi stets einem spirituellen, transzendenten Gestus treu geblieben. Mario Luzi hat zahlreiche Gedichtbände veröffentlicht, darunter *La barca* (1935), *Avvento notturno* (1940), *Primizie del deserto* (1952), *Onore del vero* (1957), *Dal fondo delle campagne* (1965), *Su fondamenti invisibili* (1971), *Per il battesimo dei nostri frammenti* (1985), *Viaggio terrestre e celeste di Simone Martini* (1994). Neben seiner Lyrik hat Luzi auch Versdramen verfaßt – u. a. *Il libro di Ipazia* (1978), *Rosales* (1983), *Hystrio* (1987) – und zudem ein beträchtliches kritisches Werk veröffentlicht. Lange Jahre war der florentinische Dichter Professor für französische Literatur an der Universität Florenz und Übersetzer (u. a. von Ronsard, Baudelaire und Shakespeare). Der mit mehreren Preisen ausgezeichnete Mario Luzi wurde 2004 – ein Jahr vor seinem Tod – zum Senator der Italienischen Republik auf Lebenszeit ernannt.

Notizie a Giuseppina dopo tanti anni   In: Primizie del deserto, 1952 (© 1974, 1988, 1998 Garzanti Editore S.p.A., Mailand)
Tra notte e giorno   In: Nel magma, 1963 (© 1974, 1988, 1998 Garzanti Editore S.p.A., Mailand)
Dalla torre   In: Dal fondo delle campagne, 1965 (© 1974, 1988, 1998 Garzanti Editore S.p.A., Mailand)
[Vola alta, parola, cresci in profondità]   In: Per il battesimo dei nostri frammenti, 1985 (© 1974, 1988, 1998 Garzanti Editore S.p.A., Mailand)

Valerio Magrelli, 1957 in Rom geboren, ist Dozent für französische Literatur sowie Literaturkritiker für verschiedene Tageszeitungen und Zeitschriften. Nach seinem Debüt in der einflußreichen Anthologie *La parola innamorata* erschien sein erster Gedichtband *Ora serrata retinae* (1980), der sowohl von den Kritikern als auch vom Publikum große Aufmerksamkeit erhielt. Seitdem hat Magrelli mehrere Gedichtbände veröffentlicht: *Nature e Venature* (1987), *Esercizi di tiptologia* (1992), die Sammlung *Poesie e altre poesie* (1996), *Didascalie per la lettura di un giornale* (1999), die Prosagedichte *Il condominio di carne* (2003) und *Disturbi del sistema binario* (2006). Zuletzt erschien eine Sammlung von Erzählungen in lyrischer Prosa, *Addio al calcio. Novanta racconti da un minuto* (2010). Magrelli ist auch als Herausgeber und Übersetzer tätig (u. a. von Verlaine, Mallarmé und Valéry). Prägend für Magrellis Dichtung ist eine rational-analytische Tendenz. Seine Gedichte wurden mit Uhrwerken verglichen, perfekt konstruierten Mechanismen, die minimale Wahrnehmungen der Sinne und des Geistes registrieren. Während in den ersten Sammlungen eine intensive Selbstbeobachtung vorherrscht, die das Subjekt aufzulösen droht, erscheint in den späteren Werken ab *Esercizi di tiptologia* das lyrische Ich entweder gar nicht, oder es erkundet die äußere Welt und es eröffnen sich damit neue Sinnhorizonte. Diese Wende in Magrellis Dichtung manifestiert sich auch formal mit der häufigen Verwendung von Epigrammen, Kommentaren und Prosagedichten.

[Non ho un bicchiere d'acqua] / [La variazione della parola] In: Ora serrata retinae, 1980 (© 1980 Giangiacomo Feltrinelli Editore s.r.l., Mailand)
Porta Westfalica In: Esercizi di tiptologia, 1992 (© 1992 Arnoldo Mondadori Editore S.p.A., Mailand)

Giancarlo Majorino, 1928 in Mailand geboren, war nach einem Jurastudium lange Zeit als Gymnasiallehrer tätig. Er gehört zu den wichtigsten Dichtern der letzten Phase der »linea lombarda«, wenngleich ihn seine höchst experimentelle Lyrik, die auch stark vom Marxismus beeinflußt ist, zu einer Figur sui generis macht. Nach seinem Debütband, dem Langgedicht *La capitale del nord* (1959), folgten verschiedene Sammlungen, darunter *Lotte secondarie* (1967), *Equilibrio in pezzi* (1971), *Provvisorio* (1984), *Tetrallegro* (1995) und *Viaggio nella presenza del tempo* (2008). Er hat außerdem die Zeitschriften *Il corpo* und *Manocomete* mitbegründet sowie literaturkritische Essays, Theaterstücke, Libretti und zwei Anthologien italienischer Lyrik veröffentlicht. Majorinos Dichtung ist geprägt von einer unermüdlichen Suche nach der sprachlichen Formel eines zeitgenössischen, zeitgerechten Epos. In seinen gelungensten Gedichten – etwa in den Bänden *La solitudine e gli altri* (1990) und *Alleati viaggiatori* (2001) – wird weniger mit der Sprache experimentiert zugunsten eines intimeren Tons und einer visionären Klarheit.

Sit-in In: Equilibrio in pezzi, 1971 (© 1971 Arnoldo Mondadori Editore S.p.A., Mailand)

[c'è una prigione degli attimi] In: La solitudine e gli altri, 1990 (© 1990 Garzanti Editore S.p.A., Mailand)

Alda Merini, 1931 in Mailand geboren, ist die beliebteste zeitgenössische Dichterin Italiens. Wie Jacques Prévert und Nazim Hikmet gehört Merini zu den wenigen Dichtern des 20. Jahrhunderts, die zahlreiche Leser – und die Lyrikregale der Buchhandlungen – erobern konnten.

Doch während Hikmet und Prévert ihre Arbeit auf ein breites Publikum ausrichten, wählt Merini den Weg eines verinnerlichten, quasi mystischen Schreibens. Nach ihrem Debüt *La presenza di Orfeo* (1953) veröffentlichte sie zahlreiche weitere Gedichtbände, darunter *La Terra Santa* (1984) – der auf ihren Erfahrungen als Patientin in einer psychiatrischen Klinik beruht –, *Testamento* (1988), *La volpe e il sipario* (1997), *Superba è la notte* (2000) sowie die Sammelbände *Vuoto d'amore* (1991) und *Fiore di poesia 1951–1997* (1998). Außerdem hat Alda Merini, die 2009 in Mailand gestorben ist, ein bedeutendes Prosawerk hinterlassen. Hervorzuheben sind ihre Memoiren *L'altra verità. Diario di una diversa* (1986) und ihre Aphorismenbände.

[Al cancello si aggrumano le vittime] In: La Terra Santa, 1984 und Testamento, 1988 (© 1988 Crocetti Editore, Mailand)

[I fogli bianchi sono la dismisura dell'anima] In: Fogli bianchi, 1987 und Testamento, 1988 (© 1988 Crocetti Editore, Mailand)

Canto delle donne In: Testamento, 1988 (© 1988 Crocetti Editore, Mailand)

Roberto Mussapi wurde 1952 in Cuneo (Piemont) geboren und lebt heute in Mailand. Er ist einer der produktivsten Autoren seiner Generation. Seit seinem Debüt *Il sonno di Genova* (1981) sind zahlreiche Gedichtbände erschienen, darunter *Luce frontale* (1987), *Gita Meridiana* (1990), *La polvere e il fuoco* (1997), *Antartide* (2000), *Il racconto del cavallo azzurro* (2000), *New Arabian Nights* (2001) *Accanto al fiume oscuro* (2005), *La stoffa dell'ombra e delle cose* (2007) und *La veneziana* (2010). Außerdem trat Mussapi als Dramaturg, Essayist und Übersetzer hervor (Shelley, Keats, Melville, Beckett, Heaney, Walcott u. a.). Mussapis Lyrik weist insbesondere seit *Gita meridiana* einige distinktive Züge auf: einerseits die sprachliche Expressivität – die »Athletik des Wortes«, um es mit dem Kritiker Galaverni zu sagen – und andererseits das robuste, frei an Foscolo angelehnte Pathos. Man hat Mussapi deswegen in die Nähe der Mythopoetik eines Giuseppe Conte gebracht, während jedoch dieser den westlichen Kanon restaurativ ausgräbt, wandert der piemontesische Dichter traumgängerisch durch die Vergangenheit, um dem anthropologischen Rätsel der Gegenwart näher auf die Spur zu kommen.

Ritorno dal pianeta / [Le voci]   In: La polvere e il fuoco, 1997 (© 1997 Arnoldo Mondadori Editore S.p.A., Mailand)
[A volte nelle mattine piovose]   In: Luce frontale, 1997 (© 1998 Editoriale Jaca Book S.p.A., Mailand)

Giorgio Orelli   Der italienischsprachige Schweizer Giorgio Orelli wurde 1921 in Airolo geboren. Nach dem Studium der Literaturwissenschaft bei Gianfranco Contini unterrichtete Orelli in einer Schule von Bellinzona. Er veröffentlichte mehrere Gedichtbände, darunter *Né bianco né viola* (1944), *Prima dell'anno nuovo* (1952), *Poesie* (1953), *Nel cerchio familiare* (1960), *L'ora del tempo* (1962), *Sinopie* (1977), *Spiracoli* (1989) und *Il collo dell'anitra* (2001). Neben seiner lyrischen Produktion und seiner Übersetzertätigkeit hat Orelli auch ein beträchtliches literaturkritisches Werk verfaßt, insbesondere erwähnenswert ist sein Buch zu Eugenio Montale, *Accertamenti montaliani* (1984). Orellis posthermetische Dichtung zeichnet sich durch eine große Vielfalt an sprachlichen Registern aus – vom einfach Kolloquialen bis zu feierlichen Einschüben –, aber auch durch eine einzigartige Verbindung von naturlyrischen, kontemplativen Elementen und einem von der »linea lombarda« geprägten Interesse für die Dinge des Alltags.

Sinopie   In: Sinopie, 1977 (© 1977 Arnoldo Mondadori Editore S.p.A., Mailand)
Moosackerweg / Le anguille del Reno   In: Spiracoli, 1989 (© 1989 Arnoldo Mondadori Editore S.p.A., Mailand)

Die Rheinaale   In: Rückspiel / Partita di ritorno, 1999 (© 1999 Limmat Verlag, Zürich)

Elio Pagliarani, 1927 in Viserba (Rimini) geboren, war einer der wichtigsten Vertreter der italienischen *Neoavanguardia* und des »Gruppo 63«. Nach einem Studium der Politikwissenschaft arbeitete er zunächst als Lehrer und Redakteur der sozialistischen Tageszeitung *Avanti!* in Mailand. In den sechziger Jahren zog er nach Rom, wo er u.a. als Verlagsberater und Theaterkritiker tätig war. Pagliarani, der die Zeitschrift *Periodo ipotetico* gründete und leitete, schrieb für viele renommierte Zeitschriften. Wie Sanguineti und Porta wurde er 1961 in die von Alfredo Giuliani herausgegebene Anthologie *I Novissimi* aufgenommen. Ein Jahr später erschien sein Hauptwerk, der Versroman *La ragazza Carla*. Außergewöhnlich für die italienische Dichtung der sechziger Jahre ist nicht nur die Verwendung von Elementen des Theaters und der Erzählliteratur, sondern auch die Vielfalt der Sprachregister. Diese Stilmittel perfektionierte Pagliarani in seinem zweiten Versroman, *La ballata di Rudi* (1995). Darüber hinaus setzte er sich unermüdlich mit der Sprache der Wissenschaft – insbesondere der Physik – auseinander, beispielsweise in *Lezioni di Fisica a Fecaloro* (1964). Pagliarani starb am 8. März 2012 in Rom.

La ragazza Carla I, 3 / La Ragazza Carla II, 1   In: La ragazza Carla e nuove poesie, 1964 (© 1964, 1978 Arnoldo Mondadori Editore S.p.A., Mailand)
Rudi e Aldo l'estate del '49   In: La ballata di Rudi, 1995 (© 1995 Marsilio Editori, S.p.A., Venedig)

Remo Pagnanelli (1955–1987), in Macerata in den Marken geboren, war als Lehrer und Literaturkritiker tätig. Er debütierte 1981 mit dem schmalen Band *Dopo*, es folgte 1985 *Atelier d'inverno*. Sein Hauptwerk, einer der eindrucksvollsten Gedichtbände der achtziger Jahre, *Preparativi per la villeggiatura*, erschien 1988 posthum, nachdem sich Pagnanelli das Leben genommen hatte. Weitere unveröffentlichte Gedichte wurden 1992 von Eugenio de Signoribus in dem Band *Epigrammi dell'inconsistenza* herausgegeben. Die Gedichte seiner frühen Sammlungen *Dopo* und *Atelier d'inverno* sind – wie bei seinem Vorbild Sereni – geprägt von einem Drang zum Erhabenen. Erst in *Preparativi per la villeggiatura* kommt dieser Anspruch jedoch zu einer vollen Reife: Der Band, der in einem sehr einleuchtenden elegischen Ton geschrieben ist, stellt eine gelungene Verbindung der Lehre Serenis mit einer an Dino Campana erinnernden, visionären Spannkraft dar. Pagnanellis spätere Lyrik spürt dem Erhabenen bis in die letzten Winkel der Idylle nach.

[riemergere fra gli dei] In: Atelier d'inverno, 1985 (© 2000 Il lavoro editoriale / Progetti Editoriali s.r.l., Ancona)
[le strane fanciulle, le fuggitive attente] / *[il cielo che le anatre portano con sé]*
In: Preparativi per la villeggiatura, 1988 (© 2000 Il lavoro editoriale / Progetti Editoriali s.r.l., Ancona)

Pier Paolo Pasolini, 1922 in Bologna geboren, arbeitete nach dem Literatur-studium als Lehrer, bis er wegen angeblicher Verführung Minderjähriger aus dem Schuldienst entlassen wurde. Wenig später wurde er aus der Kommunistischen Partei Italiens ausgeschlossen. Er zog nach Rom, wo er ab 1949 als Journalist, Literaturkritiker und Herausgeber tätig war. Im November 1975 wurde Pasolini unter bis heute ungeklärten Umstän-den ermordet. Charakteristisch für seine ersten Gedichtbände *Poesie a Casarsa* (1942) und *La meglio gioventù* (1954) ist die Verwendung des friaulischen Dialekts. Es folgten die Gedichtbände *Le ceneri di Gramsci* (1957), *L'usignolo della chiesa cattolica* (1958), *La religione del mio tempo* (1961), *Poesia in forma di rosa* (1964) und *Trasumanar e organizzar* (1971). 1955 debütierte er als Romanautor (mit *Ragazzi di vita*) und 1961 als Film-regisseur (mit *Accattone*). Darüber hinaus veröffentlichte er zahlreiche politische und gesellschaftskritische Aufsätze. Betrachtet man Pasolinis gesamtes lyrisches Werk, blickt man in ein Kaleidoskop aus Stilen,

Metren, Themen und Idiomen. Von bloßem Eklektizismus ist seine Dichtung jedoch weit entfernt. Vielmehr ermöglicht sie eine schonungslose Betrachtung der sozialen und moralischen Widersprüche, unter denen der moderne Mensch leidet. Insofern kann man Pasolinis Lyrik nicht nur eine gesellschaftkritische, sondern auch eine mystische Komponente zuschreiben.

[*E il vento, da Grado o da Trieste*] In: Le ceneri di Gramsci, 1957 (© Pier Paolo Pasolini)
Hymnus ad nocturnum In: L'usignolo della chiesa cattolica, 1958 (© Pier Paolo Pasolini)
Supplica a mia madre In: Poesia in forma di rosa, 1964 (© Pier Paolo Pasolini)
La man che trema In: Trasumanar e organizzar, 1971 (© Pier Paolo Pasolini)

Der Wind von Grado und von Triest In: Gramsci's Asche, 1980 (© 1980 Piper Verlag GmbH, München)
Hymnus ad nocturnum In: Die Nachtigall der katholischen Kirche, 1989 (© 1989 Piper Verlag GmbH, München)

Antonio Porta (1935–1989) war Gründungsmitglied des »Gruppo 63« und zählt zu den originellsten Köpfen der *Neoavanguardia*. Als Leo Paolazzi in Vicenza geboren, war er nach dem Literaturstudium in mehreren Verlagen tätig, u. a. bei Bompiani und Feltrinelli. Seit den achtziger Jahren arbeitete er als freier Schriftsteller und Literaturkritiker. Er leitete die vom ihm mitgegründete Zeitschrift *alfabeta* und unterrichtete an verschiedenen Universitäten. Auf Portas Debüt *Calendario* (1956) folgten zahlreiche weitere Gedichtbände, darunter *I rapporti* (1966), *Metropolis* (1971), *Invasioni* (1984) und *Il giardiniere contro il becchino* (1988) sowie posthum *Yellow* (2002) und die Werkausgabe *Tutte le poesie 1958–1989* (2009). Neben Lyrik veröffentlichte er Romane und Erzählungen und übersetzte aus dem Französischen, Englischen und Spanischen. Portas Frühwerk zeichnet sich durch eine radikale Absage an das lyrische Ich und die literarische Tradition aus. Während seine Sprachkritik und zentrale Themen – von der Erkundung der Sinnlichkeit bis zur Demaskierung der Mächtigen – konstant bleiben, ist seine Dichtung ab den achtziger Jahren von zunehmender Emotionalität und Subjektivität geprägt.

Dialogo con Herz   In: Nel fare poesia, 1985 (© 1985 Arnoldo Mondadori Editore S.p.A., Mailand)
Balene delfini bambini, 5   In: Invasioni, 1984 (© 1984 Arnoldo Mondadori Editore S.p.A., Mailand)
airone, 10   In: Il giardiniere contro il becchino, 1988 (© 1988 Arnoldo Mondadori Editore S.p.A., Mailand)

Fabio Pusterla   Der italienischsprachige Schweizer Fabio Pusterla wurde 1957 in Mendrisio (im Kanton Tessin) geboren und lehrt in einem Gymnasium in Lugano. Nach seinem Debüt mit *Concessione all'inverno* (1985) hat Pusterla mehrere Gedichtbände veröffentlicht, darunter *Bocksten* (1989), *Le cose senza storia* (1994), *Pietra sangue* (1999), *Folla sommersa* (2004) und *Corpo stellare* (2010). Eine Sammlung seiner Gedichte, *Le terre emerse. Poesie scelte 1985–2008*, ist 2009 erschienen. Ein Großteil seiner eigenen Gedichte liegt in deutscher Übersetzung vor. Pusterla, der auch einen Essayband zur zeitgenössischen Lyrik publiziert hat (*Il nervo di Arnold e altre letture. Saggi e note sulla poesia contemporanea*, 2007), hat sich zudem als Übersetzer Philippe Jaccottets hervorgetan. Man hat seine Lyrik als eine elegante, expressionistische, tessinische Abwandlung der »linea lombarda« beschrieben. Pusterlas Gedichte kann man zwischen dem alltäglich Erhabenen eines Vittorio Sereni und der minimalistischen Poesie seines Landsmanns Giorgio Orelli verorten. Es ist wohl keinem anderen italienischsprachigen Dichter gelungen, die präzise, evokative Sprache von Montale mit dem klaren, gesellschaftkritischen Blick eines Fortini zu kombinieren.

Le parentesi   In: Concessione all'inverno, 1985 (© 1985, 2001 Edizioni Casagrande s.a., Bellinzona)
A Nina che ha paura / Appunti di un'estate   In: Pietra sangue, 1999 (© 1999 Marcos y Marcos, Mailand)

Die Einschübe / Für Nina, die Angst hat   In: Solange Zeit bleibt. Dum vacat, 2002 (© 2002 Limmat Verlag, Zürich)

Giovanni Raboni Durch seine Tätigkeit als Verlagsberater und Lyrikherausgeber wurde der Mailänder Giovanni Raboni (1932–2004) zu einer zentralen Figur des kulturellen Lebens in Italien. Er bildete sich im fruchtbaren intellektuellen Klima der Nachkriegszeit und pflegte Freundschaften mit wichtigen Dichtern wie Vittorio Sereni und Antonio Porta. Nach dem Debütband *Il catalogo è questo* (1961) erschienen zahlreiche Gedichtbände, u. a. *Le case della Vetra* (1966), *Cadenza d'inganno* (1975), *A tanto caro sangue* (1988), *Versi guerrieri e amorosi* (1990), *Ogni terzo pensiero* (1993), *Quare Tristis* (1998) und *Barlumi di storia* (2002). Sein Gesamtwerk ist 1997 in der Ausgabe *Tutte le poesie 1951–1993* erschienen. Raboni ist auch ein hochangesehener Übersetzer von französischer Literatur (Racine, Flaubert, Baudelaire, Proust). Als einer der wichtigsten Vertreter der »linea lombarda« führt seine Dichtung auf beinahe orthodoxe Weise deren Verfahren vor – die Haftung am Realen, den eher gedämpften Ton mit einer Vorliebe für das Alltägliche und Minimale. Diesen poetischen Kodex ergänzte Raboni mit einer gewissen Gelassenheit im Umgang mit den Formen. Die freien Verse seiner ersten Gedichtbände folgen dem Rhythmus des »parlato«, der Kadenz einer erzählenden Stimme. Doch mit dem Band *Versi guerrieri e amorosi* beginnt eine originelle Auseinandersetzung mit traditionellen Formen – insbesondere mit Sonetten und Madrigalen –, die im *Quare Tristis* ihren Höhepunkt erreicht. Wenngleich der Dichter seiner »aura mediocritas«, seinem mittleren Ton, treu bleibt, vertiefen die geschlossenen Formen seine Reflexion über die Zeit und den Tod.

Una volta In: Le case della Vetra, 1966 (© 1988 Arnoldo Mondadori Editore S.p.A., Mailand)
La Guerra In: A tanto caro sangue: Poesie 1953–1987, 1988 (© 1988 Arnoldo Mondadori Editore S.p.A., Mailand)
[Tanto difficile da immaginare] In: Quare Tristis, 1998 (© 1998 Arnoldo Mondadori Editore S.p.A., Mailand)

Amelia Rosselli wurde 1930 als Tochter eines italienischen Antifaschisten in Paris geboren. Sie lebte im Exil in der Schweiz, dann in England und den USA, wo sie Literatur und Musik studierte. Ende der fünfziger Jahre kehrte Amelia Rosselli nach Italien zurück und ließ sich in Rom nieder. Sie schrieb in drei Sprachen, Italienisch, Französisch und Englisch, und veröffentlichte Artikel in den wichtigsten Zeitschriften ihrer Zeit, darunter *Il Verri* und *Il Menabò*. Neben einem Prosaband, *Diario ottuso* (1996), und kritischen Arbeiten erschienen zahlreiche Gedichtbände, darunter *Variazioni belliche* (1964), *Serie ospedaliera* (1969), *Documento* (1976), *Impromptu* (1981), *Sonno/Sleep* (1989). Infolge einer schweren psychischen Erkrankung nahm sich Rosselli 1996 in Rom das Leben. Pasolini interpretierte die Dichtung Rossellis als eine Poetik des »Lapsus«, der Fehlleistung sowohl linguistischer als auch psychologischer Natur. Wie sehr dies auch für den ersten Band der Dichterin gelten mag, ab der Sammlung *Serie ospedaliera* charakterisiert sich Rossellis Lyrik insbesondere durch eine minuziöse Arbeit an der Sprache, die ohne Fehlleistung einen Widerstand gegen den Tod leisten kann.

[Contiamo infiniti morti] / [Nel tappeto di Balzabar] / [O mio fiato che corri lungo le sponde] In: Variazioni belliche, 1964 (© 1997 Garzanti Editore S.p.A., Mailand)
[Ho venti giorni] In: Documento, 1976 (© 1997 Garzanti Editore S.p.A., Mailand)

Edoardo Sanguineti Der Genuese Edoardo Sanguineti (1930–2010) ist einer der renommiertesten und vielseitigsten Autoren des 20. Jahrhunderts. Er verfaßte zahlreiche Gedichte, Romane, Theaterstücke und Libretti. Als Mitbegründer des »Gruppo 63« war er einer der wichtigsten Vertreter der italienischen *Neoavanguardia*. Seine wissenschaftlichen Arbeiten zu Dante, aber auch zu Pascoli und Gozzano gelten als Meilensteine der italienischen Philologie. Sanguineti verfaßte mehrere literaturkritische Essays, die heftige Polemiken mit Dichterkollegen wie Pasolini und Zanzotto entfachten. Außerdem war er ein gerühmter Übersetzer klassischer Werke sowohl der Antike als auch der Moderne und engagierte sich in der Politik, zunächst als Stadtrat in Genua und später als Abgeordneter der Kommunistischen Partei im italienischen Parlament. Nach seinem Debüt *Laborintus* (1956) veröffentlichte er mehrere Gedichtbände, darunter *Triperuno* (1964), *Stracciafoglio* (1980), *Segnalibro. Poesie 1951–1981* (1982), *Novissimum Testamentum* (1986), *Senzatitolo* (1992) und *Il Gatto Lupesco*.

Poesie 1982–2001 (2002). Auf deutsch erschienen *Wirrwarr* (1972) und *Postkarten* (1978). Wie Pagliarani und Porta zählte er zu den Autoren der Anthologie *I Novissimi* (1961). In seiner Dichtung kritisiert er unermüdlich die Konsumgesellschaft und die vermeintliche Unschuld der poetischen Sprache. Während das Langgedicht *Laborintus* mit seiner Vermischung von Registern, Idiomen und Zitaten an Ezra Pound erinnert, wählt Sanguineti in späteren Werken einen kommunikativeren Ton. Seine Lyrik zeichnet sich weiterhin durch ungewöhnlich lange Verse und eine komplexe Kombination von umgangssprachlichen Wendungen und rhetorischen Figuren aus. Gleichzeitig öffnet sie sich jedoch alltäglichen Erlebnissen, insbesondere Reiseeindrücken, die einen leichteren Zugang zu den Gedichten ermöglichen.

[al funzionario doganale in minigonna] / [sono più slavo di Tadeuz ...] In: Wirrwarr, 1972 (© 2004 Giangiacomo Feltrinelli Editore s.r.l., Mailand)
[mi dici che Anna] / [che dolore l'amore!] In: Postkarten, 1978 (© 2004 Giangiacomo Feltrinelli Editore s.r.l., Mailand)

Ich bin slawischer als Tadeusz In: Reisebilder. 32 Gedichte, 1972 (© 1972, Literarisches Colloquium Berlin)

Vittorio Sereni (Luino 1913–Mailand 1983) gehört zu den großen Stimmen der italienischen Lyrik des 20. Jahrhunderts. Der studierte Jurist war auch ein hochangesehener Übersetzer und arbeitete lange Jahre als Herausgeber und verlegerischer Geschäftsführer bei Mondadori sowie als Publizist für einflußreiche Zeitschriften wie *Corrente*, *Frontespizio* und *Campo di marte*. Prägend für seine frühe Lyrik, die noch stark vom Hermetismus beeinflußt ist, war die Erfahrung der faschistischen Diktatur und des Kriegs, insbesondere die Gefangenschaft in Nordafrika. 1941 erschien sein erster Band *Frontiera*, einige Jahre später *Diario d'Algeria* (1947). In der folgenden Sammlung, *Gli strumenti umani* (1965), die viele für sein Meisterwerk halten, aber auch in *Stella variabile* (1979), wird die Geschichtsschreibung zum Leitmotiv. Es geht dabei einerseits um die persönliche, häufig von Alpträumen und Visionen durchzogene Biographie des Dichters, andererseits um die Nachkriegsgeschichte Italiens, einer Heimat, die eine turbulente Modernisierung erfahren hat. In Serenis Sprache spiegelt sich dieses Alternieren zwischen privater und öffentlicher

Geschichte wider. Sein kommunikativer Gestus, u. a mit dem Einsatz von Dialogszenen, ist für die jüngeren Dichtergenerationen stilbildend geworden.

I versi / La spiaggia   In: Gli strumenti umani, 1965 (© 1995 Arnoldo Mondadori Editore S.p.A., Mailand)
Autostrada della Cisa / Paura prima / Paura seconda   In: Stella variabile, 1979 (© 1995 Arnoldo Mondadori Editore S.p.A., Mailand)

Giovanna Sicari (1954–2003) wurde im apulischen Taranto geboren und zog in ihrer Kindheit nach Rom, wo sie seit den frühen achtziger Jahren im römischen Gefängnis von Rebibbia unterrichtete. Sie war mit dem Dichter Milo De Angelis verheiratet und schrieb neben Lyrik auch Prosa und Literaturkritiken. Nach ihrem lyrischen Debüt 1982 in der Zeitschrift *Le porte* erschienen die Gedichtbände *Decisioni* (1986), *Ponte d'ingresso* (1988), *Sigillo* (1989), *Non solo creato* (mit Milo De Angelis) (1990), *Uno stadio del respiro* (1995), *Nudo e misero trionfi l'umano* (1998), *Roma della vigilia* (1999) sowie posthum *Epoca immobile* (2004). Zwei Sammlungen ihres lyrischen Werks wurden bislang veröffentlicht: *Naked Humanity. Poems 1981–2003* (2004) und *Poesie 1984–2003* (2006). In Sicaris Gedichten ist eine Tendenz spürbar, die die italienische Lyrik der achtziger und neunziger Jahre prägt: die Sehnsucht nach einer heiligenden Instanz, die in ihren Gedichten die Form eines verhaltenen Gebets annimmt.

Trova il nuovo / Alfabeto primitvo / Bimbi nuotano forte   In: Epoca immobile, 2004 (© 2004 Editoriale Jaca Book S.p.A., Mailand)

Michele Sovente (1948–2011) war ein neapolitanischer Dichter und bildender Künstler, der sein Leben im kleinen Ort Cappella bei den Phlegräischen Feldern verbrachte. Nach seinem Debütband *L'uomo al naturale* (1978) erschienen u. a. *Contropar(ab)ola* (1981), *Per specula aenigmatis* (1990) und *Cumae* (1998), *Carbones* (2002), *Carta e formiche* (2005), *Bradisismo* (2008) und schließlich die Sammlung *Superstiti* (2009). Mit gleicher Könnerschaft schrieb Sovente Gedichte auf italienisch, lateinisch und in dem Dialekt der Phlegräischen Felder, einer Variante der neapolitanischen Mundart. Die Verwendung dieser drei Sprachen erscheint in seinem Werk symbiotisch, insbesondere die lateinischen Texte erhellen semantische Grauzonen der Vernakularsprache und des Italienischen. Soventes Lyrik erkundet nicht nur die Grenzen zwischen der hochitalienischen und der dialektalen Tradition, sondern verbindet die Gedankenwelt Giambattista Vicos mit postmodernen Fragestellungen und beschäftigt sich nicht zuletzt mit der dramatischen Situation einer archaisch-modernen Stadt wie Neapel.

Gli uccelli / Neque nobis prodest In: Cumae, 1998 (© 1998 Marsilio Editori S.p.A., Venedig)

Patrizia Valduga wurde 1953 in Castelfranco Veneto geboren und lebt in Mailand. Nach ihrem Debüt im *Almanacco dello Specchio* erschienen der Gedichtband *Medicamenta* (1982), das Langgedicht *La tentazione* (1985), eine in Oktaven verfaßte Chronik des Todes ihres Vaters unter dem Titel *Requiem* (1994) und zwei Bände zwischen Lyrik und Theater, *Donna di dolori* (1991), *Corsia degli incurabili* (1996). Es folgten dann die Gedichtbände *Cento quartine e altre storie d'amore* (1997), *Quartine. Seconda centuria* (2001) und *Lezioni d'amore* (2004). Valduga ist auch eine angesehene Übersetzerin, insbesondere von Theaterstücken (Shakespeare, Molière, John Donne, Mallarmé, Tadeusz Kantor, Valéry, Céline und Cocteau). Die Dichtung Valdugas charakterisiert sich durch einen Wiederaufgriff der traditionellen Formen – insbesondere der Modelle vor Leopardi mit einer Vorliebe fürs Barocke – und einen Hang zum Exzessiven, von der erotischen Zurschaustellung bis zur Kontemplation des Sterbens. Die Lyrik Valdugas ist dabei stets auf der Suche nach dem heilenden Wort, jenem Medikament, das die »Infektionen des Vakuums«, des Nichts, gesunden kann.

[Vieni, entra e coglimi, saggiami provami ...] In: Medicamenta e altri medicamenta, 1989 (© 1989 Giulio Einaudi Editore S.p.A., Turin)
[Che ore nere devi aver passato] In: Requiem, 1994 (© 2002 Giulio Einaudi Editore S.p.A., Turin)
[Oh non così! io qui uno sgocciolio?] In: Prima antologia, 1998 (© 1998 Giulio Einaudi Editore S.p.A., Turin)

Cesare Viviani wurde 1947 in Siena geboren. Seit 1972 lebt er in Mailand, wo er als Psychoanalytiker arbeitet. Nach seinem Debüt mit dem Band *L'ostrabismo cara* (1973) folgten zahlreiche Gedichtbände, darunter *Merisi* (1986), die preisgekrönte *Preghiera del nome* (1990), *L'opera lasciata sola* (1993), *Una comunità degli animi* (1997), *Silenzio dell'universo* (2000), der Versroman *La forma della vita* (2005) und *Credere all'invisibile* (2009). Viviani ist Autor von mehreren Essaybänden, hat den Roman *Folle avena* (1987) geschrieben und ist auch als Literaturkritiker in Erscheinung getreten. Nach der experimentierfreudigen Lyrik der ersten Gedichtbände nähert sich Viviani mit *Merisi* und *Preghiera del nome* einem kommunikativeren, erzählerischen Gestus an. Diese narrative Wende vervollständigt sich mit seinem Hauptwerk, *L'opera lasciata sola* – einem Langgedicht, das von der Figur eines mit dem Autor befreundeten, frühverstorbenen Priesters inspiriert wurde. In der Folge artikuliert seine Lyrik eine unermüdliche Suche nach Transzendenz.

[Avevano ragione a dirci: non spingetevi oltre] In: Preghiera del nome, 1990
(© 1990 Arnoldo Mondadori Editore S.p.A., Mailand)
[Abbiamo imparato insieme, preticello mio] / [Oh passanti, oh lettori! Chi di voi]
In: L'opera lasciata sola, 1993 (© 1993 Arnoldo Mondadori Editore S.p.A., Mailand)

Andrea Zanzotto, 1921 in Pieve di Soligo (Provinz Treviso) geboren, studierte Literaturwissenschaften in Padua. Er engagierte sich in der *Resistenza* und ging nach Kriegsende zuerst in die Schweiz und später nach Frankreich. 1947 kehrte er in die Provinz Treviso zurück, die das geographische Zentrum seines gesamten Œuvres bildet. Bis 1975 arbeitete er dort als Lehrer. Am 18. Oktober 2011 verstarb er in Conegliano. Zanzotto hat zahlreiche Gedichtbände veröffentlicht, darunter *Dietro il paesaggio* (1951), *Vocativo* (1957), *IX Ecloghe* (1962), *La Beltà* (1968), *Gli Sguardi i Fatti e Senhal* (1969), *Pasque* (1973), *Il Galateo in Bosco* (1978), *Fosfeni* (1983), *Idioma* (1986) und *Meteo* (1996). 1999 erschien der Sammelband *Le poesie e prose scelte* in der renommierten Reihe *I Meridiani*. Es folgten zwei weitere Lyrikbände: *Sovrimpressioni* (2001) und *Conglomerati* (2009). Außerdem verfasste er Essays, Erzählungen und Drehbücher, war ein subtiler Literaturkritiker und ein versierter Übersetzer. Im deutschsprachigen Raum ist der vielfach ausgezeichnete Zanzotto neben Ungaretti, Saba und Montale der bekannteste italienische Dichter des 20. Jahrhunderts.

Dies ist insofern bemerkenswert, als seine Gedichte sich durch eine hohe Komplexität auszeichnen. Woran liegt es also, dass Zanzotto im Unterschied zu Sereni, Bertolucci oder Raboni das deutsche Publikum derart fasziniert? Ein möglicher Grund ist seine Affinität zur romantisch-symbolistischen Tradition der deutschen Lyrik, von Friedrich Hölderlin bis Paul Celan. So charakterisiert Franco Fortini die Gedichte Zanzottos als eine Lyrik, die »einer Sehnsucht nach dem heroischen Moment des Dichters als Gesetzgeber, Priester und Opferlamm« entspringt.

Prima persona   In: Vocativo, 1957 (© 1999 Arnoldo Mondadori Editore S.p.A., Mailand)

La quercia sradicata dal vento ...   In: IX Ecloghe, 1962 (© 1999 Arnoldo Mondadori Editore S.p.A., Mailand)

La perfezione della neve   In: La Beltà, 1968 (© 1999 Arnoldo Mondadori Editore S.p.A., Mailand)

[Dolcezza. Carezza. Piccoli schiaffi in quiete.]   In: Il Galateo in Bosco, 1978 (© 1999 Arnoldo Mondadori Editore S.p.A., Mailand)

[Non si sa quanto verde]   In: Meteo, 1996 (© 1999 Arnoldo Mondadori Editore S.p.A., Mailand)

Prima persona   In: Lorna, Kleinod der Hügel, 1990 (© 1990 Gunter Narr Verlag, Tübingen)

Die Vollkommenheit des Schnees   In: Poesie der Welt. Italien, 1985 (© Ullstein Verlag, Frankfurt a. M. 1985)

Zärtlichkeit. Sanftmut. Leichte Windberührung   In: Lichtbrechung. Ausgewählte Gedichte. Italienisch-Deutsch, 1987 (© 1987 Folio Verlag, Wien / Bozen und Urs Engeler Editor, Basel)

Die Gedichte des »Portals« sind folgenden Bänden entnommen:

Giuseppe Ungaretti, *Die Heiterkeit – L'Allegria. Gedichte 1914–1919. Italienisch-Deutsch*, aus dem Italienischen von Hanno Helbling (© 1990 Carl Hanser Verlag, München)

Giuseppe Ungaretti, *Gedichte. Italienisch und deutsch*, aus dem Italienischen und mit einem Nachwort von Ingeborg Bachmann (© 1961 Suhrkamp Verlag, Frankfurt a. M.)

Umberto Saba, *Das zerbrochene Glas. Gedichte Italienisch-Deutsch*, aus dem Italienischen von Paul-Wolfgang Wührl (© 1991 Piper Verlag, München)

Nachwort

Federico Italiano

Diese Anthologie ist als Gedichtband gedacht. Sie ist weder eine kanonische Zusammenstellung der zeitgenössischen italienischen Lyrik, noch erhebt sie Anspruch auf Vollständigkeit. Sie richtet sich an Leser, die sich einen Überblick verschaffen wollen. Diese Auswahl ist das Ergebnis einer Aushandlung zwischen dem persönlichen Geschmack der Herausgeber einerseits und den Forschungen, Besprechungen von Poesie, aber auch den Anthologien andererseits*, die in den letzten Jahren versucht haben, die neue und neueste italienische Lyrik zu systematisieren.

Um die gesamte Moderne mit einem Blick zu erfassen, muß ich ein wenig ausholen. Die italienische Dichtung der ersten Hälfte des 20. Jahrhunderts ist trotz ihrer Vielfältigkeit relativ einfach einzuordnen, sowohl im historischen als auch im ästhetisch-stilistischen Sinne. Am Anfang gab es übermächtige, mehr oder weniger geliebte »Väter« – Carducci, Pascoli und D'Annunzio –, die die literarische und kulturelle Tradition Italiens ins neue Jahrhundert übersetzten, sie wurden zu den Wegbereitern der Moderne. Als Reaktion auf diese Säulenheiligen bildeten sich Schulen, die mehrere Generationen von Dichtern bis zum Ersten Weltkrieg prägten – wie die melodiöse Ästhetik der *Crepuscolari* (mit Corrado Govoni, Guido Gozzano u. a.), die expressionistischen und moralisch engagierten Dichter der Zeitschrift *La Voce* (1908–1914, u. a. Piero Jahier, Giovanni Boine, Clemente Rebora, Vincenzo Cardarelli und Dino Campana) oder der damals international einflußreiche *Futurismo*.

Nach dem Ersten Weltkrieg, der *Grande Guerra*, erschienen die Formen dieser Schulen nicht mehr zeitgemäß – sei es der Wohlklang bestimmter

---

* Insbesondere seien hier folgende Anthologien erwähnt: *Poeti italiani del Novecento* (hg. von P. V. Mengaldo, Mailand 1978/2003), *Poeti italiani del Secondo Novecento* (hg. von M. Cucchi und S. Giovanardi, Mailand 1996), *Nuovi poeti italiani contemporanei: Antologia* (hg. von R. Galaverni, Rimini 1996), *Dopo la lirica. Poeti italiani 1960–2000* (hg. von E. Testa, Turin 2005), *Parola plurale. Sessantaquattro poeti italiani fra due secoli* (hg. von G. Alfano et al., Rom 2005), *La poesia italiana dal 1960 a oggi* (hg. von D. Piccini, Mailand 2005), *Antologia della poesia italiana. Novecento. Vol. 1* (hg. von C. Segre und C. Ossola, Turin 2008).

Crepuscolari oder die martialischen Töne der futuristischen Sprachspiele. Als einziger nachhaltiger Vermittler der italienischen Lyrik erwies sich die Gruppe von Dichtern um die Zeitschrift *La Voce*. Besonders der junge Giuseppe Ungaretti erregte gleich mit seinem ersten Band *Il porto sepolto* (Der begrabene Hafen, 1916) Aufmerksamkeit. Seine existentielle, vom französischen Symbolismus und dem tragischen Erlebnis des Krieges geprägte Lyrik brachte auf einmal Italien auf die internationale Bühne der modernen Poesie. Zur selben Zeit begann sich auch die leise, von den zentrifugalen kulturellen Strömungen seiner Heimatstadt Triest beeinflußte Stimme eines anderen »vociano« durchzusetzen, Umberto Saba. Und wenige Jahre später wurde Eugenio Montale mit seinem ersten, epochalen Lyrikband *Ossi di seppia* (Tintenfischknochen, 1925/28) zum Vorbild der zeitgenössischen Dichtung.

Ungaretti, Saba und Montale: Diese Trias prägte das literarische Italien der Zeit nach dem Ersten Weltkrieg und gilt bis heute in der Literaturwissenschaft und bei den Lyrikern als Höhepunkt des lyrischen *Novecento*. Allerdings – und hier werden die Probleme einer historischen Systematisierung deutlich – stand noch bis in die sechziger Jahre der Sizilianer Salvatore Quasimodo im Mittelpunkt des Interesses, während Umberto Saba eher eine Randfigur aus der Provinz war.

Salvatore Quasimodo, der 1959 den Nobelpreis für Literatur erhielt, war Autor einer symbolistischen, geheimnisvoll suggestiven Lyrik und stand der Florentiner Schule des Hermetismus nahe. »Hermetisch« nannte 1936 der Kritiker Francesco Flora verächtlich die Lyrik der damals jungen Autoren Alessandro Parronchi, Piero Bigongiari, Alfonso Gatto und Mario Luzi (*La poesia ermetica*, 1936). Diese Bezeichnung setzte sich jedoch ziemlich bald auch im positiven Sinne durch: Bis heute werden Gedichte, die sich nicht gleich erschließen und nicht in der Alltagssprache geschrieben sind, als hermetisch eingestuft. Aber die Achtung vor Quasimodo hielt nicht lange an. Schon 1953 bezeichneten Luciano Anceschi und Sergio Antonelli in ihrer Anthologie *Lirica del Novecento* Ungaretti und Montale als die bedeutendsten Dichter ihrer Zeit – den einen (Ungaretti) als Vertreter einer symbolistisch-analogischen Dichtung, den anderen (Montale) als Gründer einer neuen Sensibilität, der »Poesie der Gegenstände«.[*]

---

[*] Zu diesem Zeitpunkt hatte Ungaretti, neben seinem Debütband, seine Hauptwerke (*Allegria di naufragi*, 1919; *L'allegria*, 1931; *Sentimento del tempo*, 1933) bereits veröffentlicht. Dagegen hatte Montale nach *Ossi di seppia* ausschließlich *Le occasioni* (1938) publiziert und nur einen kleinen Vorgeschmack (das Büchlein *Finisterre*, 1943) aus seinem Hauptwerk *La bufera e altro* (1956).

Auch in den zwei wichtigen Anthologien aus dem Jahr 1968 – die des berühmten Literaturwissenschaftlers Gianfranco Contini (*I poeti del Novecento*)* und die des neoavantgardistischen Dichters Edoardo Sanguineti (*Lirici nuovi*) – stehen Ungaretti, Montale und auch Saba im Zentrum des Kanons, während Quasimodo an den Rand rückt. Der scheue, jüdische Dichter und Buchantiquar aus Triest verdrängt den Nobelpreisträger Quasimodo. Warum? Möglicherweise erschien die klassisch auftretende Lyrik von Quasimodo in den Jahren des wirtschaftlichen Booms und der marxistischen Bewegung als weltfremd, während man neben der Dichtung von Ungaretti und der »Poesie der Gegenstände« von Montale und Saba eine dritte, fruchtbare Linie zu erkennen meinte. Mit seiner Poetik der »calda vita«, des warmen Lebens, gelang es Saba, eine Kontinuität zwischen Leben und Poesie her(aus)zustellen. Im Gegensatz zu den Vertretern des Hermetismus schreibt Saba eine einfache, melancholische, quasinarrative Lyrik voller autobiographischer Elemente und ist tief geprägt von der psychoanalytischen Behandlung, der er sich ab 1929 unterzog.

Lichtung und Übergang

Seit dem Ende der sechziger Jahre zeigt sich das *Novecento* nicht mehr als einheitliches, homogenes Bild. Jetzt kommen auch andere Dichter in den Blick, die man bis dahin nicht bemerkt hatte. Sie haben in den dreißiger und vierziger Jahren debütiert und wurden zu Klassikern der Moderne. Das gilt vor allem für Cesare Pavese und Sandro Penna. Aber auch für die Lyriker der sogenannten *Terza generazione*; zu der Dichter wie Vittorio Sereni, Mario Luzi, Giorgio Caproni, Franco Fortini und Attilio Bertolucci gehören, deren Werke die Nachkriegszeit prägten. Diese Generation hatte das Bedürfnis, sich nach der Isolation des Faschismus und den Verheerungen des Krieges insbesondere auch von der aus dem Ausland kommenden Poesie inspirieren zu lassen. Dank ihrer eigenen wertvollen Übersetzungstätigkeit konnten diese Autoren sich mit den neuen Sensibilitäten und Poetiken insbesondere aus Europa und den USA konfrontieren. Während der in seiner Jugend dem Surrealismus zugerechnete René Char einen gleichgesinnten, virtuosen Übersetzer in Vittorio

---

* Es handelt sich hier um eine Abteilung des Werkes *Letteratura dell'Italia unita 1861–1968* (Florenz 1968).

Sereni fand, begegnete Bertolt Brecht in Franco Fortini einem euphorischen Interpreten. Auch Giorgio Caproni und Mario Luzi zeichneten sich als sensible Übersetzer sowohl von französischer als auch spanischer Lyrik aus. Zudem erweiterte Attilio Bertoluccis ambitiöse, bahnbrechende Anthologie *Poesia straniera del Novecento* (Ausländische Dichtung des 20. Jahrhunderts, 1958) den Horizont der italienischen Leser bis nach Amerika.

Die Übersetzertätigkeit dieser renommierten *poeti-traduttori* war aber nur die Spitze des Eisbergs einer sensationell fruchtbaren Epoche für die Übertragung ausländischer Lyrik. In der Zeit zwischen dem Ende des Zweiten Weltkriegs und den sechziger Jahren war Italien vielleicht das Land Europas, wo am meisten und mit größter Hingabe Lyrik übersetzt und publiziert wurde. Neben bereits bekannten Dichtern wie Eliot und Pound erschienen Versionen von Hopkins, Frost, Cummings, Wallace Stevens und Williams Carlos Williams, García Lorca, Machado, aber auch Neruda (von Quasimodo übersetzt) und Borges, um nur einige Namen zu nennen. Ihre Lyrik wurde in Anthologien und Einzelbänden veröffentlicht und aufmerksam gelesen. Der Dichter und Slawist Angelo Maria Ripellino bescherte dem italienischen Publikum außerdem hervorragende Übertragungen zeitgenössischer russischer und tschechischer Dichter. Es ist bemerkenswert, daß diese damals noch nicht geläufige Textsorte, die Anthologie, eine tragende Rolle bei der Vermittlung einer neuen Sichtweise zukam: Die Anthologie als Enzyklopädie und als Archiv war das passende Format in jener Epoche des Übergangs.

Nach dem Sturmwind

1956 publiziert Montale sein Meisterwerk *La bufera e altro* (Stürme und anderes). Seit der Veröffentlichung von *Le occasioni* (Anlässe, 1938) hat sich Italien radikal geändert. Der Faschismus ist – zumindest offiziell – tot, die Republik hat die Monarchie ersetzt, und die Wirtschaft erholt sich langsam. Doch war der Preis dafür sehr hoch. Während die *Anlässe* die bevorstehende totale Destruktion des Krieges mit subtilen meteorologischen Metaphern antizipieren, zeigt *La bufera* mit düsteren, pessimistischen Tönen die Verwüstungen des Sturmwinds.

1956 erscheint auch *Laborintus* von Sanguineti. Mit diesem hochkomplexen, sprachlich verwirrenden Debütband kündigt der Lyriker aus Genua eine der lebhaftesten und kontroversesten Strömungen der italienischen Nachkriegslyrik an: die *Neoavanguardia*. Ausgerufen wurde diese neue literarische Bewegung durch eine berühmt gewordene Lyrikanthologie, *I Novissimi*, die von Alfredo Giuliani 1961 herausgegeben wurde. Zwei Jahre später wurde auf einem legendären Dichtertreffen in der Nähe von Palermo der sogenannte »Gruppo 63« gegründet, der bald auch mit ähnlichen avantgardistischen Gruppierungen aus Frankreich und Deutschland in engen Kontakt tritt. Die *Neoavanguardia* zeichnete sich durch die Abwertung des Hermetismus und durch die Kritik an der neokapitalistischen Sprache aus. Die Literatur und insbesondere die Lyrik muß, so Giuliani, eine »offene Struktur« haben und den Leser ins Zentrum stellen. In diesem Sinne dekonstruierten die Vertreter der *Neoavanguardia* die literarische Sprache der Tradition, um ihr ihren sakralen Charakter zu nehmen.

Neben Sanguineti ragten als Neoavantgardisten des »Gruppo 63« Dichter vom Kaliber eines Elio Pagliarani oder Antonio Porta heraus. Daß die *Neoavanguardia* keine normative Schule, sondern eine offene und differenzierte Bewegung war, zeigt sich daran, daß kein *Manifesto* vorgelegt wurde und daß die ihr zugerechneten Dichter völlig unterschiedliche Schreibstile und Motive verwendeten. Während Sanguineti mit collagenartigen Gedichten auf der Suche nach einer »neuen Grammatik der Sprechweise« (E. Testa) war, arbeitete Pagliarani an Versromanen (*La ragazza Carla*, 1960/62; *Lezioni di Fisica a Fecaloro*, 1968), die in einer sehr kommunikativen Sprache die politischen, ökonomischen und wissenschaftlichen Diskurse unter die Lupe nahmen. Antonio Porta bevorzugte seinerseits fragmentarische Darstellungen der Alltäglichkeit und eine Sprache, die elliptisch und assoziativ angelegt ist. Was diese verschiedenartigen Dichter verband, war die Lust, mit der Sprache zu experimentieren, und die Überzeugung, daß diese Sprachexperimente eine ethisch-politische Pflicht sind.

In diesem Sinne war die *Neoavanguardia* nicht weit von den Vorstellungen des Dichter- und Intellektuellenkreises um die Zeitschrift für experimentelle Literatur *Officina* (1955–1959) entfernt, zu der auch Pier Paolo Pasolini gehörte. Die Ironie des Schicksals will es, dass eine Polemik über den Sinn der experimentellen Literatur zwischen Pasolini und dem zukünftigen Theoretiker der *Neoavanguardia*, Edoardo Sanguineti, am vorzeitigen Ende von *Officina* mitschuldig war. Einer der Streitpunkte war der Gedichtzyklus *Le ceneri di Gramsci* (1957) von Pasolini. Sanguineti bescheinigte diesem Werk »eine dürftige stilistische Reife«. Aus heutiger Sicht gehört *Gramsci's Asche* zu den wichtigsten Werken der fünfziger Jahre und gilt als Meisterwerk des Lyrikers Pier Paolo Pasolini.

1963 – das legendäre Jahr des ersten Albums der Beatles, *Please, please me* –
ist nicht nur wegen der Gründung des »Gruppo 63« eine wichtige Zäsur in
der Geschichte der italienischen Lyrik, sondern auch aufgrund der Veröffentlichung von Mario Luzis *Nel magma*. Mit seiner Nähe zur gesprochenen
Sprache und seiner Hinwendung zum Theatralischen und Narrativen
verkündet das Hauptwerk des florentinischen Dichters das Ende des Hermetismus als historische Bewegung und zeigt den neuen Grundzug der italienischen Lyrik in den sechziger Jahren: die Orientierung am Wirklichen und
Konkreten.

Eine ähnliche Entwicklung macht auch Vittorio Sereni durch, der 1965 das
andere bahnbrechende Werk jener Zeit veröffentlicht, *Gli strumenti umani*.
Wie kein zweiter spürte der Dichter und Verleger vom Lago Maggiore den
inneren kreativen Konflikt zwischen dem literarisch Erhabenen und der
»Versuchung der Prosa«. Mit großer Sensibilität für das Alltägliche und das
Narrative arbeitet auch Attilio Bertolucci, der in jenen Jahren an den Gedichten von *Viaggio d'inverno* (1971) und an seinem Versroman *La camera da letto*
(der erst 1984 erscheinen wird) schreibt. 1965 debütiert Giovanni Giudici mit
dem stark autobiographischen und prosaischen Gedichtband *La vita in versi*,
und im folgenden Jahr publiziert Giovanni Raboni seine erste Sammlung,
Le case della Vetra, die sich durch kolloquiale, gedämpfte Töne und lange,
erzählerische Verse auszeichnet. Fragmente des *parlato*, Gesprochenen, finden
sich auch in *Rapporti* (1966) von Antonio Porta und in *La Beltà* (1968) von
Andrea Zanzotto.

Das Amtssiegel auf diese einzigartig produktive, ja fast revolutionäre
Saison der italienischen Lyrik legte Montale 1971 mit *Satura*. Dieser Band
des alten Dichters fällt wegen seiner ironischen und oft bitteren Kritik des
Erhabenen in der Poesie besonders ins Auge. Symptomatisch erscheint auch
die Veröffentlichung von Pasolinis *Trasumanar e organizzar* im selben Jahr:
eine Gedichtsammlung, deren kompromißlose Annäherung an das Prosaische
die »stilistische Schlampigkeit« streift (A. Berardinelli). Während Montale
am Ende seines Schaffens aus tiefempfundener Skepsis und legitimer
Erschöpfung in den prosaischen Ton überging, war Pasolini schon seit langem
(nicht zuletzt als Romancier und Filmemacher) auf der Suche nach einem
Fluchtweg aus der Poesie. Er strebte nach einer kommunikativeren, allumfas-
senden Schreibart, einer Dichtung, die aus der Gattung »Lyrik« führen und
sich einem breiten Publikum öffnen sollte.

Das Publikum der Poesie

Dieser sagenhafte Zugang zum »breiten Publikum« wurde aber nie gefunden, weder von Pasolini noch von anderen (mit der Ausnahme von Alda Merini). Wie der Kritiker Alfonso Berardinelli in seiner berühmt gewordenen Anthologie der zeitgenössischen Dichtung (*Il pubblico della poesia*, 1976) bemerkte, hatte sich das »Publikum« der Poesie trotz (oder gerade wegen) aller Experimente und Verflachungsstrategien drastisch verkleinert. Andererseits stieg aber gerade in den Jahren, in denen die Leserschaft von Lyrik schwand, die Quote der veröffentlichten Gedichtbände und die Aufmerksamkeit der Medien für die Dichter rasant.

Zeiten, in denen Lyriker exklusive, hochgefragte Meinungsgeber waren, die über alles, sogar über Fußballspiele und Innenarchitektur befragt wurden. Die siebziger Jahre waren einerseits eine politisch turbulente Zeit, mit Krawallen, Protestmärschen, Terroranschlägen und dramatischen Entführungen, andererseits gab es einen großen Hunger nach Bildung und künstlerischem Erleben. Musikgruppen wie Genesis oder Pink Floyd kamen gerne nach Italien, weil sie sich dort verstanden fühlten. *Made in Italy* boomte, und es war extrem angesagt, intellektuell zu sein. Doch selbst wenn die Debütbände von unbekannten, jungen Dichtern (De Angelis, Cucchi, Magrelli, Viviani) bei den wichtigsten Verlagen erscheinen konnten, sie blieben meist ungelesen. Mit der Annäherung an die Prosa und der Verflachung des Tons wollten die Autoren der sechziger und siebziger Jahre für eine weniger elitäre Lyrik kämpfen; sie erzielten damit allerdings das Gegenteil der erhofften Wirkung. Denn viele Leser fragten sich ganz pragmatisch und leicht irritiert: »Warum sollen wir Lyrik lesen, wenn sogar unsere besten Dichter sie so geringschätzen?«

Wandelbare Sterne

Der Konflikt zwischen einer erhabenen, traditionsbewußten Konzeption der Lyrik und der Neigung zu Prosa und einer dem Theater geschuldeten Vielstimmigkeit zeichnet nicht nur diese besondere Phase der italienischen Lyrik (1963–1971) aus, sondern warf Fragen auf, mit denen die Dichter sich bis heute beschäftigen. Wie kann man das Erhabene retten? Ist es noch möglich, von Gott zu schreiben? Wie steht es mit dem Bösen in der Geschichte?

Einige unter den neuen Dichtern (darunter Milo De Angelis, Roberto Mussapi, Antonio Conte, Alda Merini und Alessandro Ceni) optierten für die Wiederherstellung des literarischen Prestiges der Lyrik. Sie hatten ein Verständnis von Lyrik als emotionales, einmaliges Ereignis, das sich in visionären Eingebungen ausdrückt. Selbst viele unter den Dichtern der sogenannten *Terza generazione*, in den zwanziger Jahren geboren, bewegten sich in den Bahnen dieser neuen Sensibilität mit der Wiederbelebung von höchst philosophischen, metaphysischen Themen, wie dem Dasein, dem Bösen und den Konstruktionen des Selbst. Sereni mit *Stella variabile* und Luzi mit *Lumi dei tuoi misteri* (beide 1983 erschienen), aber auch der spätere Caproni und Franco Loi seien hier beispielhaft erwähnt.

Andererseits setzten Autoren wie Giovanni Raboni, Valerio Magrelli und Patrizia Valduga die Reflexion über die Besonderheit der lyrischen Sprache fort, jedoch ohne das subversive Verständnis der *Neoavanguardia*. Während Magrelli eine klare, analytische Lyrik schreibt, die sich mit fast klinischem Auge selbst beobachtet, kehren Dichter wie Raboni und Valduga zu den Formen der Tradition zurück, um mit ihr in einen kritischen, konstruktiven Dialog zu treten. Eine originelle Mischung aus philosophischen, existentiellen Thematiken und geschlossenen Formen bieten auch *Ipersonetto* aus dem Band *Il Galateo in Bosco* (1978) von Andrea Zanzotto, die *ré-écriture* der Trobador-Lyrik von Giovanni Giudici (*Salutz*, 1986) und etwas später die Sestinen und andere metrische Experimente von Gabriele Frasca.

In den neunziger Jahren zeigt sich aber auch eine weitere Tendenz, die zwischen diesen zwei Polen eine Balance suchte. Nach dem Fall der Mauer 1989 spürte man auch in Italien ein tiefes Bedürfnis nach einem geistigen Zusammenhalt. Die *anni di piombo*, die bleiernen Jahre, waren eben vorbei und man wollte nicht mehr in den unheilbringenden schwarzweißen Kategorien denken. Deutlich wird dieser gesellschaftliche Gemütswandel in den Bänden der wichtigsten Autoren jener Jahre (Fabio Pusterla, Antonella Anedda, Franco Buffoni, Edoardo Albinati, Gianni D'Elia), die den dritten Weg zwischen dem demokratischen, kommunikativen Verständnis der Lyrik und dem höchsten Respekt für die Formen und Traditionen, insbesondere der vorangegangenen Generation (Montale, Luzi und Sereni), gefunden zu haben scheinen.

Über die Zusammenstellung der Anthologie

Die chronologische Ordnung ist vom Geburtsjahr der Autoren bestimmt. Somit wird die Auswahl mit dem 1911 geborenen Attilio Bertolucci eröffnet. Aus der Perspektive der Texte ist dagegen der älteste aufgenommene Gedichtband *Primizie del deserto* (1952) von Mario Luzi, der damit die ersten Zeichen einer poetischen Neuorientierung zeigt, die ihn mit *Nel magma* (1963) jenseits des Hermetismus führen wird. Die Auswahl schließt mit Alessandro Ceni, Valerio Magrelli, Gabriele Frasca und Fabio Pusterla, alle 1957 geboren. Wie bereits angedeutet, stehen diese Dichter für die wichtigsten poetischen Richtungen der letzten Jahre: das Verständnis der Lyrik als emotionales, einmaliges Ereignis einerseits (Ceni), als Raum für Stil- und Sprachreflexionen andererseits (Magrelli, Frasca) und als eine Ausdrucksform, die sich zwischen diesen beiden Polen verortet und ein Gleichgewicht sucht (Pusterla).

Die vielleicht eklatantesten Auslassungen im Korpus dieser Anthologie sind Montale und Ungaretti, die auch nach 1952 wichtige Werke veröffentlicht haben. Der Grund hierfür ist zum einen die klare Verankerung dieser Autoren in der ersten Hälfte des 20. Jahrhunderts und zum anderen ihr relativ großer Bekanntheitsgrad im deutschsprachigen Raum. Ähnliches gilt für Salvatore Quasimodo, Cesare Pavese und Sandro Penna. Als wichtige Wegbereiter sind alle diese Autoren jedoch in der Einfühunrg dieser Anthologie mit einigen Texten repräsentiert. Schmerzhaft ist auch der Ausschluß von Paolo Volponi und Primo Levi, die einzelne wunderschöne Gedichte verfaßt haben, aber mehr in der Prosa als in der Lyrik herausragten. Es ist uns auch nicht leichtgefallen, originelle Dichter wie Luciano Erba, Raffaello Baldini, Tonino Guerra, Giampiero Neri, Valentino Zeichen, Nanni Balestrini, Dario Bellezza, Franco Scataglini und Roberto Roversi nicht vorzustellen, die die zeitgenössische Lyrik stark angeregt und mitgestaltet haben. Weniger augenfällig, aber sicherlich auch zu benennen, ist das Auslassen von Dichtern, die seit vielen Jahren aktiv sind und ein wertvolles Werk vorgelegt haben: Giancarlo Pontiggia, Eugenio De Signoribus, Giuliano Mesa, Mario Benedetti, Beppe Salvia, Riccardo Held, Umberto Fiori, Aldo Nove, Gian Mario Villalta, Andrea Gibellini, Davide Rondoni, Gabriela Fantato, Antonio Riccardi, Paolo Febbraro, Alida Airaghi, Maria Grazia Calandrone und Edoardo Zuccato, um nur einige zu erwähnen. Neben diesen Dichtern, die in den fünfziger und sechziger Jahren geboren sind, hat sich inzwischen auch die Generation der Siebziger durchgesetzt. Eine erste Systematisierung dieser neuen Stimmen haben bereits mehrere Anthologien versucht.* Diesen Autoren ist auch eine Wiederbelebung der Lyrik in den Medien zu verdanken. Sie schreiben für die wichtigsten literarischen Zeitschriften (*Atelier. Trimestrale di poesia letteratura critica*; *Nuovi Argomenti*; *Poesia*; *Semicerchio* u. a.), organisieren und gestalten Dichterlesungen und Festivals (z. B. *Parco Poesia* in Riccione, *Pordenonelegge* in Pordenone und *Babel* in Bellinzona) und kooperieren mit den lebendigsten literarischen Blogs des Landes (darunter: www.nazioneindiana.com). Auch sie konnten aus Platzgründen leider nicht berücksichtigt werden.

Ein letztes Wort gilt den Übersetzerinnen und Übersetzern, die dieses zweisprachige Buch überhaupt ermöglicht haben. Neben Vertretern der älteren Generation wie Hanno Helbling, Hans Magnus Enzensberger, Hans Raimund, Christine Wolter und Lea Ritter-Santini tritt in dieser Anthologie zum ersten Mal eine neue, engagierte Generation von Übersetzerinnen und Übersetzern hervor, die Kontinuität und Zukunft des deutsch-italienischen Kulturaustausches garantieren und vorantreiben. Dazu gehören talentierte Stimmen wie Pia-Elisabeth Leuschner, Theresia Prammer und Piero Salabè, deren Arbeit als Kulturvermittler (Essayisten, Herausgeber, Lektoren) bereits seit Jahren geschätzt wird, aber auch junge LiteraturwissenschaftlerInnen wie Helga Thalhofer und Sarah Scheibenberger oder der südtiroler Dichter Daniel Graziadei, deren Übertragungen wertvolle Einblicke in die neuesten Formen und Strategien des Übersetzens bieten.

---

* *L'opera comune* (hg. von G. Ladolfi und M. Merlin, Borgomanero 1999), *I poeti di vent'anni* (hg. von M. Santagostini, Varese 2000), *Nuovissima poesia italiana* (hg. M. Cucchi und A. Riccardi, Mailand 2004), *Samizdat. Giovani poeti d'oggi* (hg. von G. Manacorda und P. Febbraro, Rom 2005) und *Il miele del silenzio. Antologia della giovane poesia italiana* (hg. von G. Pontiggia, Novara 2009).

Danksagung

Diese Anthologie ist im Laufe der letzten vier Jahre entstanden. In dieser langen, wichtigen Zeit, in der wir die Produktion der neuesten italienischen Dichtung gesichtet haben – und dabei Gedichtbände, Zeitschriften, Anthologien, Bibliotheken –, erhielten die Herausgeber dieses Bandes von vielen passionierten Lyrikliebhabern Unterstützung. An erster Stelle möchten wir Friederike Schneider für ihre wertvolle Hilfe in der Sammlung, Prüfung und Archivierung des Textmaterials sehr danken. Zu Dank verpflichtet sind die Herausgeber auch allen Mitarbeitern des Münchner Lyrik-Kabinetts und insbesondere Maria Gazzetti, Ursula Haeusgen, Pia-Elisabeth Leuschner und Wolfgang Berends. Ein besonderer Dank gilt schließlich Piero Salabè für sein engagiertes Lektorat.

Federico Italiano,
Michael Krüger

München, im Mai 2013